SETE ORIXÁS NA UMBANDA

Ensaios, Fundamentos e Rituais

Rodrigo Volponi

SETE ORIXÁS NA UMBANDA

Ensaios, Fundamentos e Rituais

MADRAS®

Editor:
Wagner Veneziani Costa (*in memoriam*)

Produção e Capa:
Equipe Técnica Madras

Design da Capa:
Rodrigo Volponi

Ilustrações Internas:
Ubi Maya

Foto da orelha:
Nick Saiker:

Revisão:
Ana Paula Luccisano
Jerônimo Pouças Feitosa

Dados Internacionais de Catalogação na Publicação (CIP)
(Câmara Brasileira do Livro, SP, Brasil)

Volponi, Rodrigo
Sete Orixás na Umbanda : ensaios, fundamentos e rituais / Rodrigo Volponi. -- São Paulo : Madras Editora, 2024.

ISBN 978-65-5620-083-5

1. Orixás 2. Umbanda - Doutrina 3. Umbanda - Rituais I. Título.

24-211928 CDD-299.60981

Índices para catálogo sistemático:
1. Umbanda : Religião afro-brasileiras 299.60981
Eliane de Freitas Leite - Bibliotecária - CRB 8/8415

MADRAS EDITORA LTDA.
Rua Paulo Gonçalves, 88 — Santana
CEP: 02403-020 — São Paulo/SP
Tel.: (11) 2281-5555 – (11) 98128-7754
www.madras.com.br

Dedicatória

Dedico este livro às minhas avós, Aracy Pereira da Costa e Cleonice Fachini Volponi, e ao meu avô, Mário Volponi. Apesar de não estarem mais em matéria neste plano, nunca deixei de sentir suas orientações e proteção. Meus ancestrais estão presentes.

Agradecimentos

Agradeço aos meus pais de sangue e de criação desta vida, minha rainha e mentora encarnada, Jane Volponi, e meu exemplo de integridade e resiliência, Rubens Volponi; aos meus irmãos de sangue e de alma que sempre me apoiam, Rogério e Vanessa Volponi; ao meu amado filho, Gabriel Marques Volponi; ao velho amigo Pedro Penafiel por todas as conversas e a ajuda na diagramação do livro (na edição independente); à minha amiga e orientadora Renata Carraro por acreditar em mim, incentivar e auxiliar na concepção do projeto; a Carolina Rocha e Mariana Lourenço por cuidarem do tratamento do texto final e a Thales Carraro pela revisão do manuscrito.

Gratidão a toda a espiritualidade que me acompanha neste plano, aos meus pais e mães Orixás; ao meu Orixá de frente Ogum, aos meus guias, protetores e guardiões; ao meu anjo da guarda pessoal; ao meu mentor espiritual; aos mestres espirituais do Yoga, da Umbanda, da Magia, das Ervas, dos Cristais, dos Benzimentos, do Reiki; ao Pai Pequeno Betinho pelos ensinamentos; ao meu babalaô, mentor e grande amigo, Pai Roberto de Ogum e, também, a todos os mestres que encontrei nesta vida – Adriano Camargo, Emanuel J. dos Santos, Flávia Apolinário, José Luís Jabali Corradi, Mãe Lucila Kurosaki, Pai Claudio Ricomini, Pai Tomé e Yolanda de Obará.

Um agradecimento especial à minha amiga e fiel companheira, Bruna Danquimaia Volponi, que, com seu amor e apoio, me incentiva a continuar a seguir meus sonhos, fazendo-me querer ser um homem melhor a cada dia, te amo.

Índice

Depoimentos

"Venho sendo agraciado com a presença do Rodrigo no meu Templo de Umbanda há mais de 11 anos. Uma pessoa íntegra, dedicada, equilibrada e preocupada com o bem-estar do próximo. Para ele, não há dia nem hora, sempre que há necessidade, está disposto a ajudar.

Por ser uma pessoa que estuda a fundo a religião, confiei a ele a missão de dar aulas e transmitir seu conhecimento a todos que ingressam em nossa casa. Mais que um filho de santo, é um grande amigo com quem sei que sempre posso contar."

Pai Roberto – Templo de Umbanda Ogum Beira-Mar da Lapa

"Tive o prazer de conhecer Rodrigo durante um curso de formação de professores de Yoga, um indicativo já revelador de sua jornada espiritual. Rodrigo não é apenas um praticante, mas também um verdadeiro buscador, sempre à procura de aprimoramento pessoal e dedicado a auxiliar outros em suas jornadas.

Nossa conexão foi instantânea, como se eu reencontrasse um amigo de longa data. Compartilhando experiências no universo da espiritualidade, Rodrigo foi essencial para reacender em mim a chama dessa busca interior. Ele personifica o caminho da simplicidade, um equilíbrio entre o ser e o aprender.

Hoje, Rodrigo integra diversas técnicas em sua prática, sempre com a intenção genuína de oferecer o melhor a seus pacientes e amigos. Recomendo fortemente que você tenha a oportunidade de conhecer este ser iluminado e permitir que ele ajude a liberar o melhor de você. Afinal, todo o potencial já reside dentro de nós – apenas precisamos descobrir como libertá-lo.

Rodrigo, meu amigo, seguimos juntos nesta jornada, ora como mestres, ora como aprendizes, mas sempre evoluindo. Minha profunda gratidão pela sua amizade e pela confiança."

José Luiz Conradi – Zé Yoga – Mestre de Yoga

"O livro para mim foi como tem que ser toda experiência mística: difícil de explicar. Os ensaios com a cor amarelada do passado exalam cheiros e sensações, e acabaram por trazer lembranças da minha infância.

A água de alfazema que tia Aracy não me deixava usar porque era de Iemanjá; as noites de segunda-feira apavorantes no salão do centro espírita, iluminado só com uma lâmpada vermelha; a benzedeira que cruzava uma linha branca em volta de mim, cortava com tesoura e a jogava, retorcida, no copo com água: "É quebranto"; as cirurgias espirituais com algodão, agulha e tinta vermelha para curar a doença do meu irmão – e a decepção depois.

Esta não é uma obra para devorar. Cada capítulo chega como uma bênção de vó. Leva uns dias para se aquietar no corpo, na mente e no coração, mas abre caminhos."

Renata Ribeiro – Jornalista

"Rodrigo Volponi é uma pessoa sensível e responsável, empática e comprometida com tudo o que faz. Em um mundo cada vez mais acelerado e caótico, ele é daquelas pessoas que nos inspiram a fazer pausas e a cuidar de nós mesmos, do corpo e da alma. Um amigo sempre presente, um cuidador cheio de amor pelo seu trabalho. Estudioso, está sempre se aprofundando no conhecimento daquilo com que trabalha.

No que tange às ervas e aos Orixás, seu conhecimento é notável. Estuda e pratica com cuidado e responsabilidade, sempre com o desejo de oferecer ao mundo o seu melhor. Sua didática e habilidade em se comunicar são talentos que facilitam nosso entendimento sobre assuntos tão complexos, mas tratados de forma simples.

Seu livro nos conecta com a energia dos Orixás e da natureza, permitindo que levemos para o dia a dia um conhecimento tão valioso. Cada linha nos conecta não apenas com cada Orixá, mas também conosco, com nossa essência e com toda a potência da natureza. Quem conhece Rodrigo tem a sorte de desfrutar de tanto conteúdo e conhecimento que ele tem a oferecer."

Titi Vidal - Jornalista e Astróloga

Introdução

Tudo o que acontece em nossa vida tem um propósito, mesmo que a gente não se dê conta dele no primeiro instante. Às vezes nos falta tempo e, talvez, um certo distanciamento para compreendê-lo. Mas, no fim, quando olhamos atentamente para o nosso passado, conseguimos entender por que passamos por aquelas situações e como elas foram importantes para que chegássemos aonde estamos. O tempo é rei, eu acredito nisso.

Às vezes, o processo de compreensão do passado começa com uma espécie de "clique" num momento inesperado, quando nem imaginávamos refletir sobre o que já nos aconteceu. Pode ser uma imagem, uma lembrança ou um sentimento que desencadeia um fluxo de pensamentos que levam a novas reflexões. Às vezes, esse processo acontece de forma rápida, intensa e impactante. Outras, de maneira lenta, inconstante e branda. Este livro nasceu de um processo pessoal em que me vi navegando por essas duas formas de encontrar sentido para o que fazemos.

Começou com um impulso e em cinco meses escrevi quase metade do livro. No auge da minha produtividade, o mundo foi impactado pela pandemia da Covid-19, entramos em isolamento social e tudo acabou ficando em segundo plano. A vida acontece e se impõe de maneira simples e complexa ao mesmo tempo, deixando-nos com a única certeza de que o amanhã é incerto.

Mesmo diante de fatos inesperados, o chamado não vai embora. Ele fica ali, nos rondando, aguardando uma nova oportunidade para se manifestar e cumprir seu papel. Quando o silêncio grita, numa terça à noite qualquer, cabe a nós, mais uma vez, escolher ignorá-lo usando uma série de justificativas ou atendê-lo do jeito que dá. E assim, no final de 2021, decidi ouvir as vozes que me acompanham desde outras vidas e voltei à página em branco, reorganizando as ideias com a experiência adquirida no processo de reclusão que a pandemia proporcionou.

Somos os únicos responsáveis pela nossa jornada, pela construção do nosso caminho, pela nossa transformação e evolução pessoal. E isso, acredite ou não, impacta tudo à nossa volta. No entanto, não é porque somos os responsáveis que isso significa que trilhamos o caminho sozinhos. Não nos enganemos: enquanto evoluímos sempre tem alguém olhando por nós. Você pode chamar esse alguém de Deus, Deusa, Forças Superiores, Universo, Energia Criadora... Dê o nome que lhe fizer sentido. Eu, particularmente, os chamo de Orixás, guias espirituais e ancestrais. São energias que nos dão intuição, proteção e coragem necessárias para cumprirmos nosso propósito.

Quando comecei a escrever, minha primeira ideia era criar um registro de memórias, um ensaio das minhas vivências espirituais nas últimas décadas para passar aos meus filhos e netos. Uma forma de entender por que eu faço o que faço e como eu faço, além de compreender minhas origens, que são o alicerce do meu método e da minha vida. Essa ideia foi se transformando e, hoje, este livro se tornou uma forma de compartilhar com você uma pequena parte da minha visão sobre: a Umbanda, os Orixás, a magia natural, o poder das ervas, dos cristais e de tudo o mais que tenha me ajudado a evoluir como ser espiritual ao longo desta vida.

Se este livro o ajudar a superar pelo menos um momento de dúvida quanto ao seu papel nesta encarnação, todos os desafios terão valido a pena. Torço para que ele auxilie você a pavimentar o início do caminho da sua emancipação espiritual.

Desejo que a sua jornada seja abençoada com luz e proteção, e que você reencontre o Deus – ou os Deuses e as Deusas – que habita o seu ser. Aproveite a leitura. Namastê! Axé!

Os Significados do Número 7

O número 7 é profundamente simbólico e espiritual, associado à perfeição, à totalidade e à plenitude em diversas culturas. Ele é reconhecido por muitos como um algarismo mágico. Basta dar uma rápida vasculhada em nossa memória para conseguirmos encontrá-lo em várias áreas da vida: sete são os dias da semana, as cores do arco-íris, os mares do nosso planeta. São sete as notas musicais, os pecados capitais, as ondas que pulamos na virada do ano. Sete também são os astros sagrados: o Sol, os planetas Mercúrio, Vênus, Júpiter, Saturno, Marte e a Lua.

Na Numerologia, o 7 é considerado um número místico e poderoso. É conhecido como o número da perfeição divina e da proteção. Em muitas tradições espirituais, é comum a referência a sete estágios ou níveis de evolução espiritual, representando uma jornada de autoconhecimento e transformação.

Na tradição hindu, por exemplo, existe a crença nos sete chacras, que são centros de energia localizados ao longo da coluna vertebral até o topo da cabeça, os quais representam diferentes aspectos da consciência humana. Já no Budismo, há a crença nos sete estágios do despertar espiritual, que são conhecidos como as sete iluminações.

No Judaísmo e no Cristianismo, existe a crença nos sete dias da Criação, representando a ordem divina da criação do universo. A cada dia, um aspecto da Criação foi completado, culminando no sétimo dia, que é reservado para descanso e renovação. No Islamismo, vê-se a crença nos sete céus, que representam os diferentes níveis de existência e conhecimento espiritual.

Na Umbanda, o número 7 é um símbolo sagrado fortemente relacionado às sete Linhas, cada uma ligada a um Orixá, que também é associado a uma cor, uma essência, um chacra, um elemento da natureza e uma força cósmica específica, representando diferentes aspectos da vida humana e do universo.

O 7 definitivamente é um número de poder, e é nesta vibração que construí este livro, dedicado aos novos médiuns e aos magos urbanos: as pessoas que buscam compreender os significados dos fenômenos que nos acompanham por meio de uma perspectiva holística, para trazer novos sentidos e significados a algumas coisas que são invisíveis aos olhos, mas que nos influenciam o tempo todo.

Como Usar Este Livro

Este livro traz sete capítulos dedicados a sete Orixás da Umbanda, com os quais tenho - no momento em que escrevo este livro - uma relação mais próxima. No início de cada capítulo, apresento um ensaio pessoal sobre minha experiência física e espiritual com cada uma dessas poderosas energias da natureza que habitam a Terra e nos conectam ao divino.

Depois de cada apresentação, você encontrará uma ficha técnica com as principais características de cada um desses Orixás, como seu dia da semana, saudação, verbos de ativação, ervas, vestimentas, objetos e símbolos que serão fundamentais para potencializar os rituais que trago a você, com um passo a passo detalhado para ajudá-lo em sua jornada pessoal de reconexão com essas energias.

É possível ler este livro de três maneiras: você pode seguir a sequência apresentada no Índice; pode ir direto aos Orixás sobre os quais têm mais curiosidade ou maior conexão; ou pode usá-lo no formato de oráculo, abrindo em uma página aleatória e pedindo aos Orixás que o guiem de acordo com suas necessidades. É um livro construído para ser um aliado na jornada em direção à sua emancipação espiritual.

Durante a leitura, caso você se depare com algum termo desconhecido, poderá recorrer ao Glossário que elaborei para ajudá-lo a compreender o vocabulário utilizado nos terreiros onde me instruí, facilitando, dessa forma, o entendimento e as funções dos conceitos que serão apresentados.

Para falar sobre minha relação com as divindades com as quais tenho mais proximidade e conexão, utilizei minha bagagem de estudos da literatura – autores como Alexandre Cumino, Adriano Camargo, Marcelo Pereira, Pierre Verger, Rubens Saraceni, entre outros. Isso somado às experiências adquiridas na convivência com pais de santos – como Claudio Ricomini e meu babalorixá Pai Roberto Machado –; nas giras com a família espiritual da qual faço parte: de Caboclos, Pretos-Velhos, Marinheiros, Malandros, Erês, Ciganos, Boiadeiros, Exus, Pombagiras, Exus Mirins; e, não menos importante, na convivência com minha principal fonte, minha mãe, Dona Jane Volponi.

Magia e Rituais

A palavra "magia" pode ser definida de diversas maneiras, dependendo do contexto em que é utilizada. Em seu sentido mais amplo, é possível ser entendida como a prática de manipular as energias da natureza para atingir determinados objetivos, sejam eles materiais ou espirituais. Essa prática pode envolver o uso de elementos, como velas, ervas, cristais, amuletos e símbolos, bem como a realização de rituais específicos. Usamos magia quando queremos mudar o estado de alguma coisa, quando queremos transformar uma situação e mudar energeticamente o padrão vibratório irradiado pela aura de um ser, de um objeto ou de um local. Magia é transformação.

Já a palavra "ritual" pode ser definida como um conjunto de ações simbólicas que visam estabelecer uma conexão entre o praticante e a energia ou entidade invocada. O ritual é uma maneira específica de executar uma prática. O uso ritualístico dos elementos é simplesmente a forma natural e ordenada de utilizá-los, a fim de obter o melhor resultado possível.

No contexto do livro, o entendimento do que chamamos de magia e de práticas dos rituais é fundamental para a compreensão e a vivência das energias dos Orixás. Cada ensaio apresentado traz consigo uma série de informações técnicas e práticas para a realização de rituais seguros e específicos, que visam estabelecer uma conexão mais profunda e potente com a energia do Orixá em questão.

É importante lembrar, no entanto, que a magia e o ritual são apenas ferramentas utilizadas para potencializar a conexão do praticante com as energias dos Orixás. O verdadeiro caminho para a compreensão e o domínio dessas energias está na busca constante pelo autoconhecimento, pela elevação espiritual e pelo cultivo da fé, da devoção e da prática da caridade.

TIPOS DE RITUAIS

Existem diversos tipos de rituais, cada qual para um determinado objetivo. Contudo, para este livro, optei por me restringir a apresentar os quatro que considero mais acessíveis para quem está se iniciando nesta jornada – defumações, banhos de ervas, firmezas e oferendas –, por serem muito eficazes e de fácil execução. Lembre-se de que a magia começa na intenção e metade do resultado depende da fé que você coloca em sua prática.

Defumações

A defumação com ervas é uma técnica ritualística muito comum em diversas religiões desde os tempos remotos, quando os povos antigos utilizavam resinas aromáticas e ervas secas para purificar lares, estabelecimentos e templos, a fim de afastar os espíritos malignos. Na religião da Umbanda, a defumação é uma poderosa ferramenta de limpeza, purificação e energização do ambiente, de objetos ou de pessoas, além de ser muito utilizada para a abertura de giras, comemorações de datas especiais, na preparação de objetos mágicos e no banimento de espíritos obsessores.

A defumação pode ser feita com diversos tipos de ervas, como folhas, raízes, flores ou cascas secas. Como cada erva possui propriedades e indicações específicas, elas são escolhidas de acordo com o objetivo de cada situação.

A fumaça e o aroma das ervas queimadas têm o poder de transmutar as energias negativas em positivas, trazendo equilíbrio, além de ajudar na conexão com os espíritos e os Orixás. Trata-se de uma prática que nos conecta com a natureza e com a sabedoria dos nossos ancestrais, que agradece e honra as entidades que nos ajudam em nossa jornada espiritual, que ativa nosso vínculo com o sagrado e fortalece nossa fé. A defumação é uma prática poderosa e sagrada que deve sempre ser feita com muita dedicação e respeito.

Banhos de Ervas

Essa é uma das práticas mais conhecidas nas religiões que cultuam os elementos da natureza. Os banhos de ervas são utilizados como uma forma de limpar, equilibrar, energizar e proteger nossos corpos físicos, mentais, espirituais e emocionais.

Esse ritual - que pode envolver elementos vegetais, aquáticos, cristalinos e ígneos - é preparado com diversos ingredientes (raízes, cascas, flores, folhas, cristais, entre outros), com o propósito de alcançar finalidades específicas.

Os banhos podem ser usados, por exemplo, para a limpeza de uma pessoa ou de um ambiente; para a realização de oferendas, a fim de atrair mais prosperidade; para fortalecer a própria energia, aumentar o poder de concentração e para se defender de inveja ou mau-olhado. Essa é uma prática essencial para a manutenção dos nossos corpos energéticos, a qual também nos conecta às forças da natureza e facilita nosso caminhar espiritual. Banhos de limpeza e cura são indicados para serem feitos durante a noite; já os de equilíbrio, abertura de caminhos e prosperidade devem ser feitos durante o dia.

Firmezas

As firmezas são rituais cujo objetivo é fixar a energia de um Orixá ou guia espiritual em um determinado objeto ou local, como um cristal, um ponto de força ou um altar. Geralmente, são utilizados elementos como velas, defumadores, ervas e objetos pessoais do Orixá ou guia para criar uma conexão mais forte e duradoura.

Médiuns, em geral, fazem esse tipo de ritual antes das giras, de acordo com a linha de guias espirituais que serão incorporados no dia. Por exemplo, quando acontece uma gira de Caboclos em um terreiro de Umbanda, o médium pode acender uma vela verde, um charuto, colocar um cristal e uma flor no altar, fazer um banho de ervas e colocar em volta desses elementos seu fio de contas para se conectar com essa entidade, a fim de que tenha uma incorporação mais fluida e maior proteção durante os trabalhos de caridade da casa.

Oferendas

As oferendas têm o objetivo de estabelecer uma relação de troca e agradecimento entre os médiuns e os Orixás ou guias. Elas podem ser feitas de diversas formas: utilizando alimentos, acendendo velas e/ou usando alguns elementos, como ervas, flores, frutas, bebidas, cristais, fios de contas, tecidos, imagens, búzios e outras ferramentas de trabalho espiritual que representam a divindade para a qual se dedica a oferenda.

Esse tipo de ritual pode ser realizado em diversas situações: para agradecer, pedir proteção, saúde, prosperidade, equilíbrio, cura, amor, entre outras. Para potencializá-lo, é importante considerar o dia da semana, o horário, a fase da Lua e outras características que estão alinhadas com a energia que irá receber essa entrega. É importante lembrar que as oferendas devem ser feitas com respeito e de maneira consciente, evitando o desperdício e a poluição do meio ambiente.

OS PRINCIPAIS ELEMENTOS DOS RITUAIS

Ervas

Nas religiões que utilizam a energia da natureza, como a Umbanda e o Candomblé, as ervas são um dos elementos mais importantes, pois são consideradas instrumentos de conexão com as energias divinas. As ervas são utilizadas em diversas práticas religiosas, como defumações, amacis, banhos, bate-folhas, firmezas, entre outras. Cada erva tem uma propriedade específica e é consagrada a um determinado Orixá ou guia espiritual, sendo utilizada para potencializar a energia daquele ser divino, com a finalidade de trazer mais axé para o praticante.

É importante, nesse contexto, entender o significado da palavra "axé", que tem origem iorubá e significa força, energia vital e poder. Na Umbanda, o axé é considerado uma energia divina presente em todos os seres e elementos do universo.

Assim, o axé presente nas ervas é considerado uma força divina capaz de promover cura, proteção, equilíbrio energético e conexão com os guias espirituais e Orixás. O axé das ervas é potencializado quando elas são colhidas em determinadas fases da Lua, em dias específicos da semana e/ou em momentos de celebração religiosa, sendo sempre necessário solicitar mentalmente a autorização e a bênção dos Orixás para a utilização desse poder divino.

A Umbanda valoriza o uso das ervas como um meio de acessar o axé divino, buscando sempre o equilíbrio e a harmonia entre as energias do corpo, da mente e do espírito. A importância das ervas evidencia a conexão entre o homem e a natureza, como uma forma de respeito e gratidão pelas dádivas presentes na vida de todos nós.

Cristais

Os cristais são muito valorizados por sua capacidade de potencializar e direcionar as energias utilizadas nos rituais. Cada tipo de cristal possui uma vibração energética específica, que pode ser associada a um determinado Orixá, guia espiritual ou intenção. Por exemplo, o quartzo rosa é considerado uma pedra de amor e pode ser usado em rituais para fortalecer os relacionamentos; já a ametista é associada à espiritualidade e pode ser utilizada em práticas de meditação e conexão com o divino.

Existem diversas formas de se conectar com as energias dos cristais. É possível colocá-los em pontos estratégicos do ambiente, em amuletos de proteção, em círculos de meditação e até mesmo em banhos energéticos. Cada cristal possui uma estrutura molecular e uma composição química diferentes, o que lhe atribui uma energia específica. Na Umbanda, cada cristal é relacionado a um Orixá e pode ser usado em oferendas, defumações e banhos de ervas. A seguir, um exemplo de alguns cristais e a relação com os Orixás selecionados para este livro:

Ônix preto	Limpeza	Exu
Quartzo branco	Clareza	Oxalá
Quartzo verde	Cura	Oxóssi
Água-marinha	Equilíbrio	Iemanjá
Jaspe vermelho	Energia	Xangô
Sodalita	Proteção	Ogum
Quartzo rosa	Amor	Oxum

Por ser uma manifestação da natureza, o cristal carrega em si o poder de canalizar as energias das divindades e auxiliar nos processos de cura física, emocional e espiritual, e também nos rituais com objetivos específicos, como abertura de caminhos, proteção e equilíbrio. É importante lembrar que os cristais devem ser limpos e energizados regularmente para manter suas propriedades e vibrações energéticas em harmonia.

Uma das maneiras mais simples de fazer a limpeza dos seus cristais é deixá-los de molho por uma hora em água filtrada com um punhado de sal grosso e, depois, lavá-los em água corrente. Para recarregá-los, você pode colocá-los em um banho de Sol e em um banho de Lua nas fases Nova, Crescente ou Cheia.

Velas

Na Umbanda, as velas são consideradas um elemento fundamental em práticas e rituais. São utilizadas como uma fonte de luz que simboliza a presença divina e a energia do fogo, da terra e do ar, que são algumas das principais forças da natureza.

As velas também são conhecidas como veículos e portais de conexão entre o plano físico e o espiritual. O ato de acendê-las nos auxilia na comunicação com a nossa ancestralidade e as divindades que cultuamos, canalizando a energia e direcionando nossas intenções.

Além dos significados simbólicos, as velas possuem importância energética, pois são utilizadas como um canal de transmissão de energia entre os dois mundos, o material e o espiritual. Como tal, elas se constituem em um meio de concentrar e direcionar a intenção dos praticantes, a fim de atingir um objetivo específico.

Cada cor de vela está relacionada a um Orixá e a um significado, e elas podem ser utilizadas para diferentes propósitos. A seguir, descrevo algumas das cores mais representativas:

Vela bicolor, preta e vermelha	Energia, direcionamento e proteção	Exu
Vela branca	Paz, harmonia e purificação	Oxalá
Vela verde	Cura, equilíbrio e saúde	Oxóssi
Vela azul-clara	Criatividade, serenidade e proteção	Iemanjá
Vela marrom	Justiça, equilíbrio e força	Xangô
Vela azul-escura	Proteção, força e coragem	Ogum
Vela dourada	Prosperidade, abundância e energia	Oxum

Em todos os rituais espirituais da Umbanda, os elementos da natureza são essenciais. Eles são utilizados como forma de potencializar a conexão com as energias divinas, buscando sempre o equilíbrio e a harmonia entre as energias do corpo, da mente e do espírito.

Cada elemento possui uma vibração energética específica, a qual é associada a um determinado propósito. Conhecer seus significados, bem como saber como utilizá-los de acordo com cada objetivo, é determinante para que você consiga atingir os melhores resultados na sua prática.

Os Orixás

Este livro representa uma visão muito particular sobre sete dos diversos Orixás cultuados na Umbanda, com base na minha vivência pessoal, nos meus estudos aprofundados, nos cursos que frequentei e nas conversas enriquecedoras com sacerdotes e outros estudiosos. É importante ressaltar que essa perspectiva não anula ou contesta as visões dos demais, apenas busca oferecer um ângulo de compreensão sobre a relação entre os Orixás e os seres humanos de forma simples e prática.

Os Orixás são entendidos como forças espirituais e cósmicas que transcendem o mundo terreno. Eles representam energias vitais e personificam arquétipos culturais. São modelos éticos e morais que inspiram os adeptos a cultivar virtudes, como coragem, resiliência, justiça, amor, sabedoria e fé.

A relação entre os Orixás e os seres humanos é estabelecida de maneira íntima e vivencial, por meio de práticas, rituais, preces, oferendas e meditação. Nós, os devotos, buscamos uma conexão profunda com essas divindades para receber orientação, proteção e bênçãos em nossa jornada espiritual e terrena.

Além de sua dimensão espiritual, os Orixás também desempenham um papel fundamental nas tradições e na identidade cultural afro-brasileira. Eles são símbolos de resistência que preservam e fortalecem as tradições ancestrais africanas. Por intermédio de festividades, danças, cânticos e rituais dedicados aos Orixás, ocorre uma renovação constante dessas tradições, fortalecendo a comunidade e promovendo o respeito à diversidade.

Por meio da leitura deste livro, você será apresentado a rituais que podem potencializar e estreitar sua relação com alguns Orixás. Além disso, você entenderá como essas práticas, preces e oferendas são capazes de estabelecer uma conexão espiritual profunda com as divindades.

Da mesma forma, compreenderá que os Orixás são fontes de conhecimento ancestral. Como tal, eles oferecem seus valiosos ensinamentos sobre ética, moralidade e equilíbrio entre a humanidade e a natureza.

Minha intenção é que esta jornada o presenteie com transformação pessoal e, principalmente, com uma conexão mais profunda com o sagrado que habita dentro de cada um de nós.

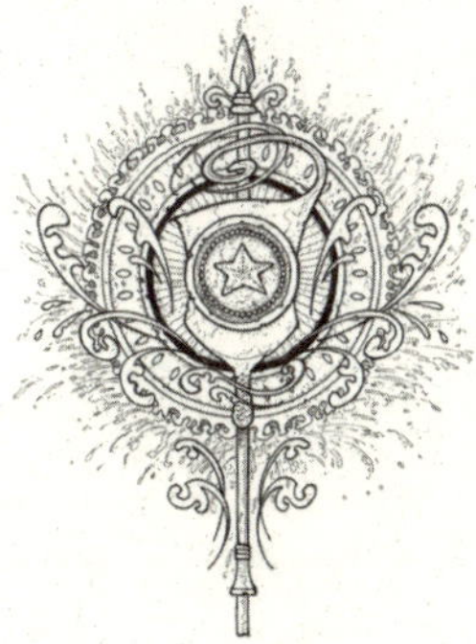

7

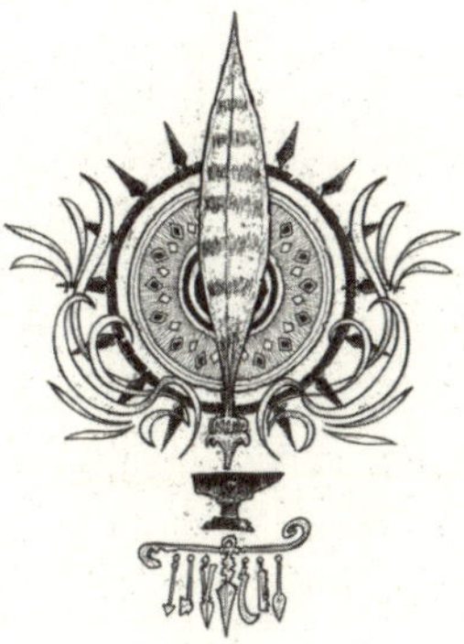

7

Exu É Quem Abre os Caminhos

Quando eu tinha 7 anos de idade, em 1985, minha família visitava Dona Roselita uma vez por mês. Ela era cliente do meu pai, que vendia frios e laticínios. Naquela época, as grandes redes de supermercados não estavam em todo lugar, como acontece hoje em dia, e muitas pessoas – entre elas meu pai – trabalhavam como mascates viajantes. Ele usava sua Kombi cor amarela Kodak (um amarelo bem forte), e nela levava queijos, mortadelas, salames, linguiças e presuntos por todos os cantos da cidade de São Paulo.

Entre uma entrega e outra, meu pai conheceu a Dona Roselita, que tinha uma pequena venda perto de Parada de Taipas, um bairro no extremo da Zona Norte da capital. Ela era uma mulher de cabelo espetado cinza e preto, lábios e nariz grandes. A pele era castigada pelo sol e pela vida, por isso ela aparentava ter muito mais idade do que realmente tinha. Usava vestidos floridos, chinelos e falava rápido. As conversas com Dona Roselita pareciam não ter pausas, eram como um fluxo contínuo de consciência.

Meu pai, seu Rubens, de nariz também grande e cabelo avermelhado, apesar de ser católico e frequentador das missas de domingo, gostava de ouvir o toque de um atabaque. Isso porque era muito influenciado por minha mãe, que era médium, filha de mãe de santo de terreiro de Umbanda e alguém que sempre buscou um chão para aterrar suas forças.

No fundo da casa de Dona Roselita, em um quartinho de paredes de cor verde e chão de terra, ficava seu espaço mágico. Lá ela recebia entidades da Umbanda – como Pretos-Velhos, Caboclos e Erês – para dar passes, consultas e fazer seus trabalhos de limpeza e descarrego.

Esse quartinho guarda minha memória mais antiga com a espiritualidade. O cheiro de cigarro de corda e cera de vela com ervas frescas perfumava o local.

Os trabalhos aconteciam na parte da manhã, por volta das 10 horas, e terminavam antes do almoço. Em nossas visitas, costumávamos ficar para almoçar com ela e sua família: seu marido José, um homem robusto e com aperto de mão firme, bigode grosso e sorriso largo; e seu filho Carlos Augusto, que tinha 18 anos, era estudioso, muito respeitoso e ajudava em todos os afazeres da casa – fossem eles materiais ou espirituais.

A comida era simples e muito saborosa: arroz, feijão, carne de panela, farinha e pimenta, muita pimenta. Depois do banquete, meu irmão e eu ficávamos no quintal brincando de bola, carrinhos ou pique-esconde. Não existia computador nem celular, o que havia era o ambiente perfeito para crianças curiosas e enxeridas; era uma época propícia para uma criança meter o nariz onde não devia.

Em uma dessas tardes de calor infernal, entediado de tanto esperar o final das conversas sobre os trabalhos, aventurei-me pelo quintal e fui explorar o registro de água que ficava na parte externa, bem na entrada da casa. Detrás de uma portinha de ferro vinha uma luz de vela. Sem a menor cerimônia, abri a portinha e me encontrei pela primeira vez com a imagem que me acompanharia pela vida afora: era Exu, o guardião de Dona Roselita.

Ele tinha um corpo musculoso de cor marrom-escura, cabelos, olhos, barbas, calças e capa negras. Trazia um tridente na mão, sorriso espalhafatoso no rosto e chifres vermelhos na cabeça.

Fiquei impressionado com a imagem e chorei, porque pensei ter conhecido o demônio. Eu mal sabia que Exu, cuja imagem havia me causado tanto medo, viria a se tornar uma das entidades com as quais eu mais me identifico e se tornaria um dos meus maiores protetores.

Um verdadeiro guardião.

O GUARDIÃO DAS ENCRUZILHADAS DA VIDA

Exu é o guardião dos caminhos e das encruzilhadas. Ele é o dono da noite, o rei das passagens, aquele de quem nada se esconde. É o primeiro a comer e o último a rir. Exu é força e vitalidade, é coragem, é quem você quer ter ao seu lado na trincheira de qualquer guerra.

Poderoso dono das encruzilhadas, revela-se como uma presença essencial, pois sua relevância transcende os limites individuais dos demais Orixás. Ele desempenha o papel crucial de mensageiro entre os reinos espiritual e humano. Sem sua intermediação, a comunicação entre nós e os Orixás seria impossível.

Exu é o guardião dos caminhos e o detentor do axé que impulsiona o movimento e a transformação. Ele é a personificação do próprio dinamismo e da essência das trocas humanas, desde as mais sutis até as mais densas. É por meio de sua influência que se estabelecem as conexões entre os indivíduos, fator que permite o florescimento de relacionamentos, transações comerciais e até mesmo a concepção biológica.

Durante a colonização europeia nos territórios africanos, Exu foi equivocadamente associado ao Diabo pelos missionários cristãos, carregando até os dias de hoje essa imagem imposta pela interpretação distorcida de maneira proposital. No sincretismo religioso, Exu é Santo Antônio, considerado um dos santos católicos mais letrados, tanto por seu conhecimento das escrituras religiosas quanto das escrituras consideradas profanas da época. Ele foi o primeiro doutor da Ordem Franciscana.

Exu é doutor, ele fala todas as línguas, por isso se tornou o mensageiro do Ifá, o jogo de búzios. É o mais humanizado e o mais popular dos guias e Orixás. Exu reina no Vazio – o espaço entre as fronteiras, o lugar onde não há definições ou limites claros –, e conecta os mundos e as energias. É considerado o guardião dos mistérios, e é no Vazio que ele guarda todos os segredos. Exu é o nada, e por ser o nada, Exu é tudo. É a virilidade do homem, a coragem do menino, a firmeza do aço, a potência do cavalo, a energia do touro, o fluxo sanguíneo que eleva a temperatura dos nossos corpos.

Seu dia é segunda-feira, suas cores são o preto e o vermelho. Seu número é o 7, porque sete são os caminhos e ele caminha por todos eles, que se abrem quando o dono quer passar. Seu símbolo é o tridente, utilizado para representar os elementos da natureza: água, fogo e ar (três pontas voltadas para cima) e terra (ponta central voltada para baixo).

O tridente também representa o poder, as forças e os mistérios, e auxilia Exu a trazer luz, sabedoria e equilíbrio para nosso mundo e a dominar os espíritos perdidos. É a arma de guerra dos bárbaros que, ao contrário da lança que só perfura uma vez, acerta três pontos simultaneamente.

O tridente é o mesmo instrumento de magia e poder utilizado por Netuno e Poseidon. A mitologia celta e nórdica também utiliza um símbolo sagrado de três falos. Na ciência, o tridente é o símbolo da Psicologia; *psi* (Ψ) – letra do alfabeto grego que somada ao sufixo formou a palavra *psikhè* (psique) – é o termo utilizado para identificar aquilo que não é físico, cujo significado é "alma ou espírito". O tridente, na Psicologia, também representa a estrutura do ser humano: o id, o ego e o superego.

Exu é a energia que sempre deve ser acionada antes de se solicitar qualquer ajuda a qualquer outro Orixá, pois ele é o mensageiro e o intermediador entre o plano físico e o espiritual. Além disso, Exu é acionado quando precisamos de vitalidade, coragem, direcionamento e proteção em nossa jornada.

Exu é quem abre todos os trabalhos e, por isso, é ele quem abre este livro.

**A virilidade do homem e a
coragem do menino.
A firmeza do aço e a energia do touro.
A direção a seguir.**
Laroyê Exu!

FICHA TÉCNICA

A seguir, apresento de forma resumida as características, os principais elementos e alguns rituais do Orixá Exu, que servirão para você compreender melhor como ativar essa energia e potencializar sua conexão com essa divindade. As ações realizadas com conhecimento tornam a prática muito mais segura e assertiva. Alinhe sua intenção com suas ações e pratique-as com respeito, fé e amor. Peça que a Lei Maior e a Justiça Divina permitam que você acesse o poder de realização, proteção e direcionamento dos elementos ígneo e telúrico de Exu.

Exu	O guardião dos caminhos, o rei das passagens
Sincretismo	Santo Antônio
Saudação	Laroyê Exu! Exu é Mojubá! Vós sois grande, Exu! Eu me curvo a vós, vós sois poderoso, Exu!
Dia de celebração	13 de Junho
Dia da semana	Segunda-feira
Elementos	Fogo e terra
Chacra	Básico
Símbolo	Tridente
Cores	Preto e vermelho
Fios de contas	Pretas ou pretas e vermelhas
Objetos	Ogó e tridente
Cristais	Turmalina negra, ônix e rubi
Verbos	Começar, proteger, direcionar, potencializar
Metal	Ferro
Planeta	Mercúrio
Ervas	Arruda, aroeira, casca de alho, pinhão-roxo, picão-preto, ipê-roxo, jurema, quebra-demanda, folha de mamona, abre-caminho, folhas de limão, folhas de café, gengibre, hortelã
Pontos de força	Encruzilhadas e beira-mar
Guias de trabalho	Exus de trabalho
Comida	Padê
Bebidas	Água, marafo, cachaça, gin ou whisky
Flor	Cravo vermelho

RITUAIS

Banho de Abertura de Caminhos de Exu

Indicação: ajuda a trazer coragem, força, determinação e proteção. Recomendado também para quando você precisa visitar um novo cliente, fazer uma entrevista de emprego, uma viagem para um novo local ou simplesmente para ter mais energia e disposição.

Elementos:

- 1 vela verde para Oxóssi
- 1 vela preta e vermelha para Exu (acender antes de iniciar a preparação do banho, na parte externa do local)
- 1 punhado de abre-caminho, folhas de café, folhas de louro e alecrim
- 1 canela em pau grande, quebrada em 3 pedaços
- 1 caldeirão ou panela com 2 litros de água filtrada

Preparo:

- 1. Vista uma peça de roupa branca, pelo menos na parte de cima do corpo, para fazer o ritual.
- 2. Acenda a vela verde e segure-a com sua mão direita acima da cabeça, consagrando-a ao Orixá Oxóssi, que governa o reino vegetal, com a seguinte evocação:

Pai Criador, Mãe Terra, Pais e Mães Orixás, Orixá Oxóssi, eu vos saúdo e reverencio, pedindo que abençoem este banho de ervas, ativando cada um destes elementos, tornando-os força viva e ativa, com o poder de limpar, curar, equilibrar, energizar e proteger meu corpo físico, mental, emocional e espiritual, de acordo com a Lei Maior e a Justiça Divina. Que assim seja, amém!

- 3. Coloque 2 litros de água filtrada em um recipiente e adicione as ervas. Enquanto macera as ervas até formar um caldo verde, concentre sua intenção em ativá-las de acordo com seu objetivo, agradecendo por tê-lo alcançado. Deixe repousar por dez minutos.
- 4. Em seguida, faça uma oração de coração, pedindo ao Orixá Exu que abençoe este banho e, por meio deste ritual, possa abrir seus caminhos, trazendo paz, saúde, equilíbrio e prosperidade.
- 5. Transfira a mistura para um caldeirão ou panela, tampe e aqueça em fogo baixo, acrescentando a canela em pau. Desligue o fogo antes de ferver e deixe repousar por mais dez minutos antes de coar.
- 6. Após seu banho de higiene regular, despeje o banho preparado em seu corpo inteiro, desde a parte da frente até a parte de trás, abaixo do pescoço.
- 7. Aguarde dois minutos para que seu corpo absorva a energia, respirando profundamente sete vezes. Mentalize seu objetivo principal já concretizado e agradeça.
- 8. Repita em voz alta sete vezes: "Gratidão, por todas as bênçãos e aprendizados já conquistados".
- 9. Vista uma peça de roupa vermelha e se conecte com a energia que foi ativada.

Defumação de Limpeza de Exu

Indicação: ajuda a limpar um ambiente de miasmas astrais, energias prejudiciais, olho gordo, mau-olhado, inveja, espíritos sofredores ou obsessores.

Elementos:

- 1 vela verde para Oxóssi
- 1 vela preta e vermelha para Exu (acender antes de iniciar a preparação, no lado externo do local)
- 2 punhados de carvão
- 1 turíbulo
- Álcool gel 80%
- 1 punhado de arruda, casca de alho e manjericão secos

Preparo:

- 1. Vista uma peça de roupa branca, pelo menos na parte de cima do corpo.
- 2. Acenda a vela verde, segurando-a com sua mão direita acima da cabeça, consagrando-a ao Orixá Oxóssi, que detém o domínio sobre o reino vegetal, com a seguinte evocação:

Pai Criador, Mãe Terra, Pais e Mães Orixás, Orixá Oxóssi, eu vos saúdo e vos reverencio, pedindo que abençoem esta defumação com ervas, despertando cada um destes elementos, tornando-os força viva e ativa, com o poder de limpar, curar, equilibrar e proteger minha casa e meu corpo físico, mental, emocional e espiritual, de acordo com a Lei Maior e a Justiça Divina. Que assim seja, amém!

- 3. Acenda o carvão dentro do turíbulo e aguarde até que ele esteja em brasa, em seguida acrescente as ervas secas.
- 4. Em seguida, faça uma oração de coração, pedindo ao Orixá Exu que, por meio deste ritual, possa remover toda energia prejudicial que esteja eventualmente presente no local e nas pessoas que o habitam, trazendo paz, saúde e equilíbrio.
- 5. Dirija-se ao cômodo mais distante da porta de entrada de sua casa ou estabelecimento e caminhe em direção à entrada principal, fazendo o sinal da cruz com o turíbulo em cada canto de cada ambiente. Enquanto faz isso, entoe um ponto de defumação ou faça uma oração de coração, pedindo para limpar o ambiente, e que tudo o que não for bom, útil ou verdadeiro se afaste em nome de Deus.
- 6. Após percorrer todos os cômodos, agradeça a energia presente neste ritual e deixe o turíbulo queimar o restante das ervas do lado de fora da casa, ou na varanda, se for um apartamento, até se apagar naturalmente. Recolha o carvão restante e as cinzas e coloque-os em um saco de lixo separado.

Oferenda Padê – para Abrir os Caminhos

Indicação: auxilia na abertura de caminhos, proteção, direcionamento, vitalidade, coragem e astúcia. Ajuda a fortalecer seu guardião pessoal, trazendo proteção para você e sua casa.

Elementos:

- 1 cebola
- Óleo de dendê
- 300 g de miúdos de frango (coração, moela e fígado)
- 300 g de farinha de mandioca grossa
- 8 pimentas dedo-de-moça frescas
- 7 moedas de 1 real
- 1 copo de vidro de cachaça ou uísque
- 1 copo de vidro de água
- 1 alguidar de barro número 2
- 1 panela funda
- 3 velas bicolores pretas e vermelhas (caso não tenha, você pode substituir por brancas)
- 1 toalha vermelha ou preta

Preparo:

Na panela funda, coloque aproximadamente dois dedos de azeite de dendê. Inclua a cebola picada em pedaços grandes. Quando a cebola estiver dourada, coloque a carne de frango em pedaços e sele todos os lados da carne. Adicione 1 pimenta cortada em pedaços rústicos. Aos poucos, vá adicionando farinha e mexendo em fogo baixo. Acrescente mais azeite de dendê conforme a necessidade, até que a farinha fique totalmente amarela. Deixe esfriar.

Montagem:

Com o alguidar limpo e seco, coloque o padê deixando um espaço de 2 dedos no topo. Decore conforme sua intuição com as 7 pimentas e as 7 moedas. Posicione uma toalha preta ou vermelha no chão, em sua tronqueira ou no lado externo da sua casa com o alguidar no centro. Caso você seja um médium experiente, o preparo pode ser colocado em uma encruzilhada ou em um campo aberto, como uma praça. Coloque a cachaça e a água, servidas em copos, ao lado do alguidar. As velas devem ser posicionadas ao redor do alguidar e dos copos com as bebidas, em porta-velas ou castiçais. Quando tudo estiver pronto, acenda as velas, consagrando-as a Exu. Segure e as levante com sua mão esquerda, acima da cabeça, dizendo:

Consagro e ofereço este ritual ao Pai criador, à Mãe Terra, ao Orixá Exu e ao meu Exu guardião. Peço, por favor, que aceitem e abençoem esta oferenda em agradecimento por todas as bênçãos que tenho nesta vida, de acordo com a Lei Maior e com a Justiça Divina. Gratidão por tudo. Que assim seja, amém!

Mentalize seu pedido se concretizando nos mínimos detalhes. Agradeça como se já tivesse acontecido. Por fim, faça uma saudação batendo paó: faça três vezes uma sequência de três palmas e, depois, sete palmas seguidas e ritmadas, com a mão esquerda por cima da mão direita. Saia sem dar as costas para a oferenda por, pelo menos, sete passos.

ENTREGA E DESPACHO

As oferendas podem ser entregues basicamente em três tipos de locais: casa, natureza e templos.

Casa

No caso de oferendas para Exu, devem ser feitas sempre na área externa da casa. Podem ser entregues no seu quintal, no seu jardim ou na varanda, desde que seja um ambiente limpo e organizado, sem misturar com outras coisas que não fazem parte da oferenda. Para o despacho, após 24 horas, peça licença ao Orixá, batendo gentilmente três vezes cada elemento no chão e, em seguida, coloque tudo em um saco de lixo exclusivo para a oferenda. Depois, você pode despachar em um lixo comum.

Natureza

No caso de Exu, os locais mais adequados na natureza são campos abertos, estradas com encruzilhadas e à beira-mar. Recomendo que, sempre que possível, volte no dia seguinte para retirar os resíduos, colocando-os em um saco de lixo exclusivo para a oferenda. Depois, você pode despachar em lixo comum.

Templos

No caso de entregas em templos, peça sempre autorização para o sacerdote do local, que irá instruir você sobre as regras e os procedimentos.

AFIRMAÇÃO

Indicação: ajuda a potencializar os rituais feitos. Fazer assim que acordar e antes de dormir por sete dias após ter feito um dos rituais.

Meus guardiões estão presentes
Minha retaguarda está protegida
Meus caminhos estão abertos
A prosperidade flui em minha vida

PONTO CANTADO DE EXU

Os Pontos na Umbanda são cânticos reverenciados que desempenham um papel fundamental nos rituais. Essas melodias sagradas possuem diversas funções, desde a homenagem às entidades até o convite para sua presença no terreiro. Quando entoados pelos fiéis, os pontos se transformam em preces e invocações, conectando o plano material ao espiritual. São entoados com cadência própria e harmonia, criando um ambiente propício à manifestação de Orixás, guias e protetores espirituais. Sua importância está na criação de uma atmosfera de equilíbrio energético, permitindo o sucesso dos trabalhos espirituais. Essas melodias divinas tecem uma teia espiritual e evocam a presença de guias e entidades, trazendo a luz e a magia da Umbanda para a vida dos praticantes.

E lá vem ele
E não vem só
E lá vem ele
E não vem só
Sua arma é capa
Sua cor é preta
Pisou na gira
Salve o seu Capa Preta

E lá vem ele
E não vem só
E lá vem ele
E não vem só

Sua arma é a capa
Sua cor é preta
Pisou na gira
Salve o seu Capa Preta

Oxalá, o Caminho da Fé

Fé. Duas letras e uma imensidão de significados. Esse talvez tenha sido o texto mais difícil de construir para este livro, o que me levou a mais reflexões para identificar, na minha caminhada, qual foi o momento crucial do meu despertar espiritual. A fé é algo complexo, mas, ao mesmo tempo, binária: ou você a tem ou não. Simples assim.

Desde quando me entendo por gente, minha mãe já incorporava semanalmente sua falange de guias espirituais: o Caboclo Arranca-Toco, o Preto-Velho Pai Joaquim, a Erê Mariazinha e a Pombagira Mara. Eles vinham nos benzer e trazer alento às nossas angústias do dia a dia. Mesmo vivenciando a religião na minha própria casa, o que eu sentia naquela época ainda não era fé, era muito mais um misto de ansiedade e curiosidade. Minha verdadeira compreensão sobre fé veio mais tarde, quando estava prestes a completar 18 anos e passei pelo alistamento do Serviço Militar.

Eu estava mais interessado em continuar meus estudos e trabalhar para poder ajudar minha família financeiramente. Mas, como todos os garotos daquela idade, fui até a junta militar para cumprir meu dever.

Antes disso, contudo, pedi o auxílio da minha mãe de santo na época, Dona Lucila, para "me livrar dessa". No jogo de búzios, ficou claro que seria muito difícil, mas que eu poderia ter meu desejo atendido se fizesse uma oferenda para a Linha da Esquerda, mais precisamente a Linha de Exus.

Na data marcada para a entrega da oferenda, foi montado um banquete para Exus e Pombagiras. Entre eles, um especial me apadrinhou: Seu Exu Capa Preta. Ele me disse que no final eu não seria convocado para o Exército, mas que o processo seria bem difícil. Exu foi enfático em dizer que eu seria testado, e precisaria ter muita fé e confiança nele e em Oxalá para conseguir me livrar.

No dia de me apresentar na junta militar, fui preparado: levei atestados médicos que comprovavam que eu tinha bronquite, a fim de que não restassem dúvidas da minha inabilidade física para a vida militar. Entrei curvado e desanimado para interpretar bem o papel de doente.

Dentro do quartel, encontrei dezenas de garotos da minha idade. Depois de sermos colocados em fila e organizados por ordem alfabética, esperei por quatro horas debaixo de sol, sem água ou comida. Quando finalmente fui chamado, colocaram-me numa sala com outros 20 meninos e tivemos que, constrangidos, arriar as calças e tossir para garantir que estávamos livres de hérnias. Duas pessoas do grupo foram reprovadas, mas, para meu desespero, fui liberado para a próxima fase.

Em seguida, notei que seria entrevistado por um médico e fiquei mais confiante, afinal, trazia comigo a garantia da minha – um pouco exagerada – incapacidade pulmonar. Quando chegou minha vez, o doutor, sem me fazer uma pergunta sequer, examinou meu cabelo, que na época era bem comprido, e disse:

– Com um cabelo bonito desses, você está muito saudável. Próximo!

Ganhei um carimbo para avançar no processo de seleção e seguir para a próxima fase. Saí de lá em silêncio e sentindo uma ponta de desespero. No dia seguinte, novamente me apresentei às 6 horas da manhã na junta militar. Depois de esperar muito, um oficial do Exército me chamou para uma sala e perguntou:

– Rodrigo, você quer servir?

Nesse momento, lembrei-me daquela noite em que o Exu Capa Preta olhou nos meus olhos e disse que minha fé em Oxalá seria testada. Então, respirei fundo e respondi:

– Se tiver que servir, servirei com prazer e dedicação. Mas se puder continuar meus estudos e proporcionar bem-estar para minha família, eu também o farei.

Ele insistiu, emendando uma nova pergunta:

- Mas você prefere ser soldado de campo ou CPOR (o equivalente ao trabalho administrativo no Exército)?

- O que eu precisar ser, serei. Confio no que o destino me reserva.

Ele afastou um pouco a cadeira, olhou-me com desconfiança e perguntou:

- O que você faz, meu filho?

- Sou designer. Faço criação de banners, logotipos e convites.

- Convites de quê?

- De casas noturnas, baladas e bares, como a Broadway...

- Broadway?

- Sim, o senhor conhece?

- Claro, todos aqui conhecem.

- Se o senhor quiser, posso conseguir algumas cortesias para vocês.

- Peixe, não brinca com isso. Se for mentira, tu tá pego.

Virei "peixe", um termo usado para os "protegidos" do quartel.

- Não senhor, posso trazer aqui amanhã.

- Se você trouxer os convites amanhã, pode continuar seus estudos e ajudar sua família.

Vi ali a minha chance! Saí do quartel e fui direto para a Broadway - uma balada famosa na época que ficava na Avenida Marquês de São Vicente, em São Paulo. Pedi os convites para o dono da danceteria, Luiz Montoya, grande amigo que sempre me deu bons conselhos (a propósito, se este livro chegar um dia até você, obrigado, Montoya). Expliquei a situação e ele me entregou os ingressos, feliz em poder me ajudar. Naquela noite mal dormi.

No dia seguinte, estava mais uma vez no quartel. Entrei na fila e esperei. Logo um soldado parou ao meu lado e perguntou:

- Você que é o peixe dos convites?

- Acho que sim.

- Pode se levantar, estão te esperando.

Entrei na sala e cumprimentei o oficial do Exército, que me recebeu com um sorriso inquisitório. Entreguei os convites num envelope pardo. Ele abriu, olhou, virou-se para mim e disse:

- Vai cuidar dos seus estudos, peixe. Dispensado!

Sorri, agradeci e saí de lá o mais rápido que pude. Por dentro eu agradecia, emocionado e aliviado, a Oxalá e ao meu companheiro Exu. Estava claro para mim quem tinha me ajudado e por quê. Tinha conseguido passar na primeira de muitas provas que estavam por vir. Foi nesse dia que tive um primeiro contato com o poder da fé.

Épa Babá!

OXALÁ É A LUZ QUE CEGA A DÚVIDA

Na primeira casa de Umbanda que visitei, lá estava ele, acima de todos os Orixás, na parte mais alta do altar, com um copo de água cristalina ao seu lado e a imagem de uma pomba branca, simbolizando paz, fé e equilíbrio. Lá estava Oxalá.

Em diversos terreiros, por causa do sincretismo religioso, Oxalá é representado como Jesus Cristo, aquele caracterizado pela imagem de um homem loiro, cabeludo, de olhos azuis, que já sabemos, atualmente, ser diferente – e muito – do biotipo dos mouros que viveram lá para os lados da Galileia, há mais de 2 mil anos.

Na abertura da gira, logo após tocar o ponto para os Exus e as Pombagiras protegerem os trabalhos da noite, Oxalá é saudado. O sacerdote da casa reverencia o altar, enquanto seus filhos se ajoelham para pedir humildemente ao maior dos Orixás proteção, serenidade e força para a missão espiritual da noite. Os pedidos de perdão, paciência, luz, equilíbrio e fé também são endereçados a ele.

A fé é a energia que se manifesta nas nossas necessidades mais reais. Ela é a ponte para o milagre e se alimenta da esperança. Sem fé não existe manifestação do poder, não há milagre. É ela que nos conecta com nossa espiritualidade e nos protege como um escudo invisível. É a fé que nos ajuda a acreditar no processo e compreender que os obstáculos são apenas lições que se apresentam no caminho.

A cor de Oxalá é o branco, por ser a soma dos sete raios de cores. Seu símbolo é a estrela de seis pontas, que representa o equilíbrio entre os campos físico e espiritual, pelos dois triângulos posicionados em direções opostas. Ele é associado ao chacra coronário, responsável pela conexão entre os dois mundos. Suas principais ervas são alecrim, boldo-do-chile, girassol, hortelã, manjericão e todas as flores brancas.

Seu dia da semana é a sexta-feira, quando seus filhos de fé usam roupas brancas em sua homenagem. Seu dia de comemoração é o mesmo do nascimento de Jesus Cristo, 25 de dezembro.

A oferenda a Oxalá é feita em uma cumbuca ou prato de cerâmica branca - recheada com canjica, ovo cru e decorada com flores -, que é colocada em cima de uma toalha também branca, junto a outros elementos que representam esse Orixá, como a quartilha e os cristais brancos e transparentes. As entregas são feitas principalmente em seus campos de força, como campinas, colinas, bosques, além de praias limpas e desertas.

Recorremos a Oxalá em momentos de conflitos emocionais e interpessoais, pois ele possui em si uma energia pacificadora. Além disso, esse Orixá é associado à cura física e espiritual, sendo invocado em casos de doenças e em momentos de decisões importantes, pois ele representa a sabedoria, a clareza mental e o discernimento.

Por fim, nos conectamos a Oxalá ao buscar mais propósito em nossas vidas, quando precisamos reacender a chama da nossa fé e quando queremos direcionar nossas ações para algo que esteja além das conquistas materiais. A tudo aquilo, enfim, que é invisível aos olhos, mas toca no fundo de nossa alma.

A fé é a ponte para o milagre.

FICHA TÉCNICA

A seguir, apresento de forma resumida as características, os principais elementos e alguns rituais do Orixá Oxalá, que servirão para você compreender melhor como ativar essa energia e potencializar sua conexão com essa divindade. As ações realizadas com conhecimento tornam a prática muito mais segura e assertiva. Alinhe sua intenção com suas ações e pratique-as com respeito, fé e amor. Peça que a Lei Maior e a Justiça Divina permitam que você acesse o poder da paz, da clareza, da cura e do elemento cristalino de Oxalá.

Oxalá	A fé que nos sustenta
Sincretismo	Jesus Cristo
Saudação	Epa Babá Oxalá! O Senhor realiza, meu Pai Oxalá!
Dia de celebração	25 de dezembro
Dia da semana	Sexta-feira
Número mágico	10
Elemento	Cristalino
Chacra	Coronário
Símbolos	Estrela de seis pontas ou cruz
Cores	Branco, dourado e prata
Fios de contas	Brancas ou transparentes
Objeto	Opaxorô (cajado)
Cristais	Jade branco, pérola e pedras brancas ou transparentes
Verbos	Acreditar, confiar e acalmar
Fator	Congregar
Metais	Prata e ouro branco
Planeta	Sol
Ervas	Casca de alho, açoita-cavalo, erva-de-bicho, boldo, levante, alecrim, folha-da-costa, manjericão, hortelã, anis-estrelado, jasmim, verbena, obi seco, louro e cravo-da-índia
Flores	Girassol, rosa branca, lírio da paz e margaridas
Pontos de força	Campo aberto, praias desertas e colinas
Comida	Canjica de Oxalá
Frutas	Maçã, uva verde, melão, polpa de coco, pêssego branco
Bebida	Água mineral

RITUAIS

Banho de Cura de Oxalá

Indicação: restabelecer a saúde, regenerar o corpo, trazer força vital. Melhora a qualidade do sono, acalma os pensamentos, traz clareza das ideias, promove o bem-estar.

Elementos:

- 1 vela verde para Oxóssi
  1 vela branca para Oxalá
- 1 caldeirão ou panela com 2 litros de água filtrada
- 1 punhado de folhas de manjericão, alecrim, alfazema
- 10 folhas de boldo
- Pétalas de 1 rosa branca

Preparo:
Vista uma peça de roupa branca, pelo menos na parte de cima do corpo, para fazer o ritual. Acenda uma vela verde e segure-a com sua mão direita acima da cabeça, consagrando-a ao Orixá Oxóssi, que governa o reino vegetal, com a seguinte evocação:

Pai Criador, Mãe Terra, Pais e Mães Orixás, Orixá Oxóssi,
eu vos saúdo e reverencio, pedindo que abençoem este banho
de ervas, ativando cada um destes elementos, tornando-os
força viva e ativa, com o poder de limpar, curar, equilibrar,
energizar e proteger meu corpo físico, mental, emocional e
espiritual, de acordo com a Lei Maior e a Justiça Divina.
Que assim seja, amém!

- 1. Coloque 2 litros de água filtrada em um recipiente e adicione as ervas. Enquanto macera as ervas até formar um caldo verde, concentre sua intenção em ativá-las de acordo com seu objetivo, agradecendo por tê-lo alcançado. Deixe repousar por dez minutos.

- 2. Em seguida, faça uma oração de coração e acenda a vela branca. Peça ao Orixá Oxalá que abençoe este banho e, por meio deste ritual, possa limpar, equilibrar e curar seu corpo físico, mental e espiritual.
- 3. Transfira a mistura para um caldeirão ou panela, tampe e aqueça em fogo baixo. Desligue o fogo antes de ferver e deixe repousar por mais dez minutos antes de coar.
- 4. Após seu banho de higiene regular, despeje o banho preparado em seu corpo inteiro, desde a parte da frente até a parte de trás, abaixo do pescoço.
- 5. Aguarde dois minutos para que seu corpo absorva a energia, respirando profundamente sete vezes. Mentalize seu objetivo principal já concretizado e agradeça.
- 6. Repita em voz alta sete vezes: "Gratidão por todas as bênçãos e aprendizados já conquistados".
- 7. Vista uma peça de roupa branca e se conecte com a energia que foi ativada.

Banho de Energia de Oxalá

Indicação: para ter mais disposição, energia e vitalidade para atingir seus objetivos.

Elementos:

- 1 vela verde para Oxóssi
- 1 vela branca para Oxalá
- 1 caldeirão ou panela com 2 litros de água filtrada
- 1 punhado de folhas de manjericão, louro, alecrim, sálvia
- Pétalas de 1 girassol

Preparo:

- Idem ao Banho de Cura.

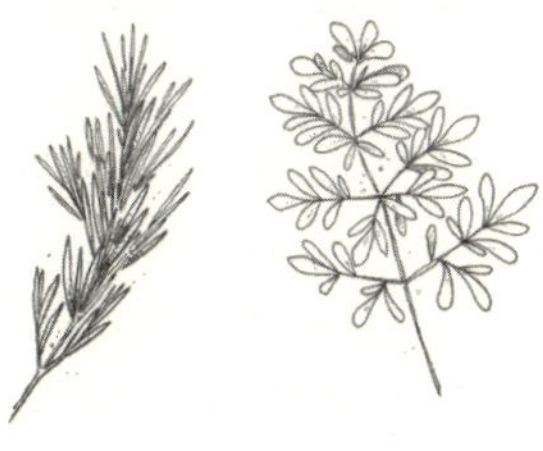

Defumação de Limpeza de Oxalá

Indicação: para limpar sua casa ou estabelecimento de energias prejudiciais, miasmas astrais e espíritos.

Elementos:

- 1 vela verde
  1 vela branca
- 2 punhados de carvão
- 1 turíbulo
- Álcool gel 80%
- 1 punhado de sálvia, casca de alho e alecrim

Preparo:

- 1. Vista uma peça de roupa branca, pelo menos na parte de cima do corpo.
- 2. Acenda a vela verde, segurando-a com sua mão direita acima da cabeça, consagrando-a ao Orixá Oxóssi, que detém o domínio sobre o reino vegetal, com a seguinte evocação:

Pai Criador, Mãe Terra, Pais e Mães Orixás e Orixá Oxóssi,
eu vos saúdo e vos reverencio, pedindo que abençoem esta
defumação com ervas, despertando cada um desses elementos,
tornando-os força viva e ativa, com o poder de limpar, curar,
equilibrar e proteger minha casa e meu corpo físico, mental,
emocional e espiritual, de acordo com a Lei Maior e a Justiça Divina.
Que assim seja, amém!

- 3. Acenda o carvão dentro do turíbulo e aguarde até que ele esteja em brasa, depois acrescente as ervas secas.
- 4. Em seguida, faça uma oração de coração, acenda a vela branca e peça ao Orixá Oxalá que, por meio deste ritual, possa remover toda energia prejudicial que esteja presente no local e nas pessoas que ali habitam, trazendo paz, saúde e equilíbrio.
- 5. Dirija-se ao cômodo mais distante da porta de entrada de sua casa ou estabelecimento e caminhe em direção à entrada principal, fazendo o sinal da cruz em cada canto de cada ambiente.

Enquanto faz isso, entoe um ponto de defumação ou faça uma oração de coração, pedindo para limpar o ambiente, e que tudo o que não for bom, útil ou verdadeiro se afaste em nome de Deus.

- 6. Após percorrer todos os cômodos, agradeça a energia presente neste ritual e deixe o turíbulo queimar o restante das ervas do lado de fora da casa, ou na varanda, se for um apartamento, até se apagar naturalmente. Recolha o carvão restante e as cinzas, e coloque-os em um saco de lixo separado.

Oferenda a Oxalá para Equilíbrio

Indicação: trazer tranquilidade, equilíbrio emocional, clareza de ideias e reconexão com sua fé.

Elementos:

- 1 vela branca
- 1 louça branca em formato de cumbuca
- 250 gramas de canjica branca
- 1 ovo branco cru
- 1 taça ou copo com água mineral ou filtrada
- 1 rosa branca
- 1 toalha branca
- 1 panela de pressão

Preparo:
Com a canjica lavada, coloque-a em uma panela de pressão com água e cozinhe por 30 minutos ou até ficar no ponto. Escoe toda a água e coloque a canjica em uma louça branca em formato de cumbuca. Coloque o ovo branco cru inteiro sem quebrar a casca sobre a canjica, no centro da cumbuca.

Montagem:
Faça uma base com a toalha branca, e posicione a louça branca com a canjica e o ovo no centro. Do lado direito inferior da toalha, coloque a taça ou copo com água mineral ou filtrada e, do lado esquerdo inferior, coloque a rosa branca. Na parte superior, no centro, coloque a

vela branca em um castiçal. Quando tudo estiver pronto, acenda a vela, consagrando-a a Oxalá. Segure e a levante com sua mão direita, acima da cabeça, dizendo:

Consagro e ofereço este ritual ao Pai criador,
à Mãe Terra e ao Orixá Oxalá. Peço, por favor,
que aceitem e abençoem esta oferenda em agradecimento
por todas as bênçãos que tenho nesta vida, de acordo
com a Lei Maior e com a Justiça Divina. Gratidão por tudo.
Que assim seja, amém!

Depois da vela acesa, bata paó ao efetuar a entrega. Agradeça por tudo que já foi conquistado e faça seus pedidos, com respeito e concentração.

ENTREGA E DESPACHO

As oferendas podem ser entregues basicamente em três tipos de locais: casa, natureza e templos.

Casa
Pode ser entregue no seu quintal, no seu jardim, na varanda ou até mesmo na sua cozinha, desde que seja um ambiente limpo e organizado, sem misturar com outras coisas que não fazem parte da oferenda. Para o despacho, após 24 horas, peça licença ao Orixá, batendo gentilmente três vezes cada elemento no chão e, em seguida, coloque tudo em um saco de lixo exclusivo para a oferenda. Depois, você pode despachar em um lixo comum.

Natureza
No caso de Oxalá, os locais mais adequados na natureza são campos abertos, praias desertas e colinas. Recomendo que, sempre que possível, volte no dia seguinte para retirar os resíduos, colocando-os em um saco de lixo exclusivo para a oferenda. Depois, você pode despachar em lixo comum.

Templos

No caso de entregas em templos, após pedir autorização ao sacerdote ou responsável pelo local, basta fazer sua entrega que eles mesmos a recolhem no dia seguinte.

AFIRMAÇÃO

Indicação: ajuda a potencializar os rituais feitos. Fazer assim que acordar e antes de dormir por sete dias, após ter feito um dos rituais.

Com fé eu me deito
Com fé me levanto
Oxalá sempre me ilumina
Enviando o axé do seu corpo santo

PONTO CANTADO DE OXALÁ

Os Pontos na Umbanda são cânticos reverenciados que desempenham um papel fundamental nos rituais. Essas melodias sagradas possuem diversas funções, desde a homenagem às entidades até o convite para sua presença no terreiro. Quando entoados pelos fiéis, os pontos se transformam em preces e invocações, conectando o plano material ao espiritual. São entoados com cadência própria e harmonia, criando um ambiente propício à manifestação de Orixás, guias e protetores espirituais. Sua importância está na criação de uma atmosfera de equilíbrio energético, permitindo o sucesso dos trabalhos espirituais. Essas melodias divinas tecem uma teia espiritual, invocando a presença de guias e Orixás, e trazendo a luz e a magia da Umbanda para a vida dos praticantes.

Ponto de Oxalá

Pombinho Branco, Mensageiro de Oxalá
Pombinho Branco, Mensageiro de Oxalá
Leve esta mensagem
De todo coração até Jesus
Diga que somos

Soldados de Aruanda
Trabalhamos na Umbanda
Carregando a nossa Luz

Pombinho Branco, Mensageiro de Oxalá
Pombinho Branco, Mensageiro de Oxalá
Leve esta mensagem
De todo coração até Jesus

Diga que somos
Soldados de Aruanda
Trabalhamos na Umbanda
Carregando a nossa Cruz

Oxóssi, o Grande Caçador

Minha mãe, Dona Jane, teve sua primeira incorporação quando era recém-casada com meu pai. Ela recebeu a visita do Caboclo Arranca-Toco, líder espiritual da falange de espíritos que seriam seus guias de trabalho e que ela incorporaria ao longo de toda a vida.

Segundo meu pai, em uma madrugada qualquer, minha mãe se levantou batendo a mão no peito e se apresentou pela primeira vez como o Caboclo Arranca-Toco, falando em um dialeto de difícil compreensão. Católico, frequentador das missas de domingo – como eu já contei –, Seu Rubens, sentado à beira da cama, ouviu, em choque, a esposa falando com uma voz máscula e com movimentos firmes que o Arranca-Toco seria o chefe da falange de Dona Jane. Ele se tornaria o líder do agrupamento de espíritos que seriam seus guias de trabalho mediúnico. Meu pai, neto de italianos, de cabelos ruivos cor de fogo, olhos castanhos e de pijama azul-marinho, apenas concordou.

Cresci convivendo com essas entidades que eram incorporadas por minha mãe. As giras aconteciam sempre às quintas-feiras na sala da nossa casa. Meu pai, meu irmão mais velho, Rogério, minha irmã caçula, Vanessa, e eu aguardávamos ansiosos pela visita das entidades.

Lembro-me de observar atentamente enquanto recebia o passe do Caboclo, que passava ervas, como espada-de-são-jorge e arruda, em volta de mim, baforava fumaça de charuto e estalava os dedos pelos pontos que hoje compreendo serem os sete principais chacras do corpo.

Após terminar o passe, ele perguntava como eu estava e, com sabedoria, trazia sempre palavras de coragem, força e carinho. Carinho bruto, diga-se de passagem. Seu cumprimento quase partia as costas de qualquer um, seu abraço de urso era quase esmagador, mas sempre cheio de amor e proteção.

Anos mais tarde, descobri que o chefe da minha falange também seria um Caboclo, o Arranca-Toco, aquele que havia visitado minha mãe. Minha primeira incorporação aconteceu no Templo de Umbanda Ogum Beira-Mar, durante uma gira de Caboclos. Na época, minha função ainda era a de cambone. Ao final de cada ritual de trabalhos, as pessoas que, como eu, estavam em desenvolvimento espiritual, tinham a oportunidade de "dar passagem" para as entidades. Ou seja, poderiam incorporar seu guia espiritual relacionado com aquela gira.

Logo na primeira incorporação, meu Caboclo veio "rasgando", batendo a mão forte no peito, com a coluna ereta, saudando todos da casa e se apresentando. Riscou no chão seu primeiro ponto, mostrando sua assinatura energética e, em seguida, apresentou-se como o chefe da minha falange. Desde então, é a ele que recorro nos momentos mais cruciais da minha vida, e foi por meio dele que iniciei meus estudos de rituais com as ervas e os cristais.

É por meio do Caboclo Arranca-Toco que consigo acessar a irradiação da Linha de Oxóssi. É com o aprendizado nas giras do terreiro, com ele ao meu lado, que busco melhorar a cada dia minha relação com meus irmãos espirituais, minha família, meus amigos, a energia das matas e todos os seres que nela habitam. O Arranca-Toco é meu chefe de falange, o general do meu exército, meu mentor, meu protetor. O irmão mais velho que me ensina, a cada dia, como ser uma pessoa melhor do que ontem.

O REI DAS MATAS

Oxóssi, na Umbanda, é considerado o rei das matas, o grande caçador. Ele é o Orixá que representa fartura e proteção ao meio ambiente.

De acordo com uma lenda africana, Oxóssi foi aquele que enfrentou o pássaro gigante enviado por feiticeiras da terra de Ifé, que estavam muito bravas por não terem sido convidadas para a Festa dos Inhames. O rei Olofin chama os mais bravos caçadores da região, mas nenhum deles consegue derrotar o pássaro. Oxóssi se apresenta ao rei, afirmando que ele pode condená-lo à morte caso não vença a batalha.

Sua mãe, ao saber da promessa, vai consultar um babalaô, pedindo ajuda sobre o que fazer para que o filho não morra. O babalaô a ensina, então, a fazer uma oferenda que agrade as feiticeiras e baixe as defesas do grande pássaro. Oxóssi atira sua única flecha, que acerta o pássaro no peito, no momento exato em que sua mãe faz a oferenda na estrada. Ele recebe como prêmio metade das riquezas do rei e fica conhecido por todos como o grande caçador, o guerreiro de uma flecha só.

Oxóssi é o desbravador do desconhecido, aquele que busca o novo em lugares ainda não visitados, que tem a coragem e a fé necessárias perante o inexplorado. Seu número é 6. Quinta-feira é seu dia da semana. Azul e verde são suas cores. Seu planeta é Vênus. Suas principais ervas são alecrim, hortelã, louro, manjericão e samambaia. Seu elemento é a terra, e suas principais armas são o arco e a flecha.

No sincretismo religioso, Oxóssi é representado por São Sebastião, ex-comandante do exército romano, um dos preferidos do imperador Diocleciano. Assim como Oxóssi, o santo foi um grande caçador de almas, tendo a catequese como seu maior objetivo.

Em meados do século III d.C., Sebastião se converteu secretamente ao Cristianismo, mesmo sabendo que, na época, a perseguição aos cristãos era intensa, e muitos deles eram feitos prisioneiros e levados ao Coliseu para lutar contra gladiadores e enfrentar leões famintos. Sebastião, por ter uma alta patente, conseguia visitar os presos, confortando-os com a mensagem cristã de que seriam salvos após a morte.

No dia 20 de janeiro é celebrado o Dia de São Sebastião. Na mesma data, na religião da Umbanda, celebramos o Orixá Oxóssi, o rei das matas, o grande caçador. As Linhas de Caboclos que conhecemos dos terreiros estão diretamente relacionadas a Oxóssi. A palavra caboclo, que vem do tupi *kareuóka*, significa "cor de cobre". Em sua maioria, os caboclos são espíritos de antigos índios sul-americanos que têm como missão nos ensinar a respeitar a natureza e amar o próximo por meio da caridade. São eles que nos encorajam a permanecer no caminho da luz, da fé e da paz.

Os caboclos são enviados ao nosso plano para nos ensinar a doutrina da Umbanda e nos trazer o conhecimento e o respeito pela natureza. São grandes conhecedores de ervas, cristais, rituais de banhos, defumações e bate-folhas, que nos ajudam a transmutar energias prejudiciais e a nos mantermos em um padrão energético elevado.

Por sua energia estar associada à sabedoria das matas, recorremos a Oxóssi quando temos desafios relacionados à busca pelo conhecimento, pelo inexplorado, seja nas matas, seja em outros campos da vida. Ele nos auxilia quando queremos fartura e prosperidade em nosso caminho e, também, quando precisamos nos conectar com a energia da natureza por meio de flores, raízes e plantas em geral. Oxóssi nos ajuda a ter mais certeza sobre os caminhos e as decisões importantes que devemos tomar. Ele traz clareza mental para seus filhos e devotos.

Na próxima vez que você entrar em uma trilha, um bosque ou uma floresta, saúde essa divindade, pedindo permissão para entrar em seu domínio. Coloque seus pés descalços na terra, e sinta a energia regeneradora e fortalecedora que habita esses lugares sagrados.

Conhecimento é mais importante do que ouro, mas apenas aqueles que o possuem compreendem isso.

FICHA TÉCNICA

A seguir, apresento de forma resumida as características, os principais elementos e alguns rituais do Orixá Oxóssi, que servirão para você compreender melhor como ativar sua energia e potencializar a conexão com essa divindade. As ações realizadas com conhecimento tornam a prática muito mais segura e assertiva. Alinhe sua intenção com suas ações e pratique-as com respeito, fé e amor. Peça que a Lei Maior e a Justiça Divina permitam que você acesse o poder do conhecimento, da prosperidade e do elemento vegetal de Oxóssi.

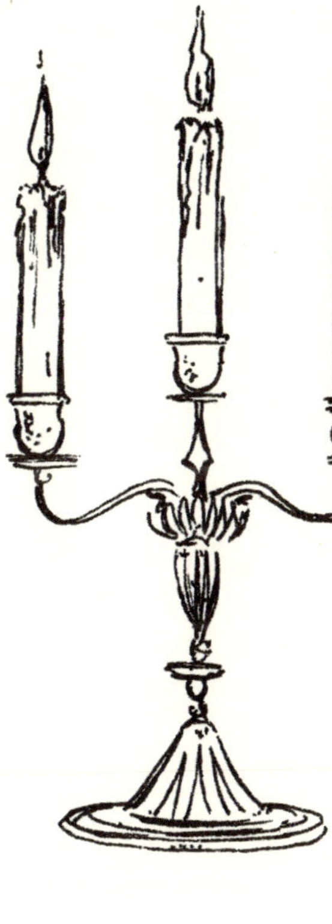

Oxóssi	O caçador da matas
Sincretismo	São Sebastião
Saudação	Okê Arô! Dê seu brado, majestade!
Dia de celebração	20 de janeiro
Dia da semana	Quinta-feira
Número mágico	6
Elemento	Vegetal
Chacra	Cardíaco
Símbolos	Arco e flecha
Cor	Verde
Fio de contas	Verdes e verdes com branco
Objetos	Arco, flecha e tacape
Cristais	Turquesa, jade verde e esmeralda
Verbos	Conhecer, desbravar, prosperar, expandir, perseverar e aprender
Fator	Expansor
Metal	Bronze
Planeta	Vênus
Ervas	Guiné, picão-preto, buchinha-do-norte, espinheira-santa, jurema-preta, abre-caminho, alecrim, arnica, capim-cidreira, cipó-caboclo, hortelã, louro, manjericão e samambaia
Flores	Flores do campo, ipê-roxo, girassol e margaridas
Pontos de força	Matas, selvas e bosques
Comida	Axoxô
Frutas	Mamão, pêssego, melão, caqui, goiaba, banana
Bebidas	Cerveja clara e vinho branco suave

RITUAIS

Banho de Limpeza de Oxóssi

Indicação: ajuda a limpar o campo energético. Recomendado também para quando você precisar tirar cargas negativas, mau-olhado, inveja, clarear os pensamentos e afastar espíritos obsessores.

Elementos:

- 1 vela verde para Oxóssi
- 1 punhado das ervas: alecrim, hortelã e guiné
- 1 caldeirão ou panela com 2 litros de água filtrada

Preparo:

- 1. Vista uma peça de roupa branca, pelo menos na parte de cima do corpo, para fazer o ritual.
- 2. Acenda a vela verde e segure-a com sua mão direita acima da cabeça, consagrando-a ao Orixá Oxóssi, que governa o reino vegetal, com a seguinte evocação:

Pai Criador, Mãe Terra, Pais e Mães Orixás, Orixá Oxóssi,
eu vos saúdo e reverencio, pedindo que abençoem este banho de ervas,
ativando cada um destes elementos, tornando-os força
viva e ativa, com o poder de limpar, curar, equilibrar,
energizar e proteger meu corpo físico, mental, emocional e
espiritual, de acordo com a Lei Maior e a Justiça Divina.
Que assim seja, amém!

- 3. Coloque 2 litros de água filtrada em um recipiente e adicione as ervas. Enquanto macera as ervas até formar um caldo verde, concentre sua intenção em ativá-las de acordo com seu objetivo, agradecendo por tê-lo alcançado. Deixe repousar por dez minutos.
- 4. Transfira a mistura para um caldeirão ou panela, tampe e aqueça em fogo baixo. Desligue o fogo antes de ferver e deixe repousar por mais dez minutos antes de coar.

- 5. Após seu banho de higiene regular, despeje o banho preparado em seu corpo inteiro, desde a parte da frente até a parte de trás, abaixo do pescoço.
- 6. Aguarde dois minutos para que seu corpo absorva a energia, respirando profundamente sete vezes. Mentalize seu objetivo principal já concretizado e agradeça.
- 7. Repita em voz alta sete vezes: "Gratidão por todas as bênçãos e aprendizados já conquistados".
- 8. Vista uma peça de roupa verde e se conecte com a energia que foi ativada.

Banho de Equilíbrio de Oxóssi

Indicação: para trazer tranquilidade, clareza de ideias, abertura de novas áreas do conhecimento, memorizar estudos, ter foco, equilíbrio emocional e mental.

Elementos:

- 1 vela verde
- 1 punhado das ervas: alecrim, capim-cidreira, manjericão e alfazema
- 1 caldeirão ou panela com 2 litros de água

Preparo:

- Idem ao Banho de Limpeza.

Defumação para Prosperidade de Oxóssi

Indicação: para abrir caminhos, trazer confiança, ter mais energia, disposição e boa sorte.

Elementos:

- 1 vela verde para Oxóssi
- 2 punhados de carvão
- 1 turíbulo

- Álcool gel 80%
- 1 punhado de sementes de girassol, alecrim e cidreira

Preparo:

- 1. Vista uma peça de roupa branca, pelo menos na parte de cima do corpo.
- 2. Acenda a vela verde, segurando-a com sua mão direita acima da cabeça, consagrando-a ao Orixá Oxóssi, que possui domínio sobre o reino vegetal, com a seguinte evocação:

Pai Criador, Mãe Terra, Pais e Mães Orixás, Orixá Oxóssi,
eu vos saúdo e vos reverencio, pedindo que abençoem
esta defumação com ervas, despertando cada um destes
elementos, tornando-os força viva e ativa, com o poder de
limpar, curar, equilibrar e proteger minha casa e meu corpo
físico, mental, emocional e espiritual, de acordo com a
Lei Maior e a Justiça Divina.
Que assim seja, amém!

- 3. Acenda o carvão dentro do turíbulo e aguarde até que ele esteja em brasa. Depois, insira as ervas e as sementes nele.
- 4. Em seguida, faça uma oração de coração, pedindo ao Orixá Oxóssi que, por meio deste ritual, traga muita fartura e prosperidade para dentro de sua casa ou estabelecimento.
- 5. Comece pelo cômodo de entrada e caminhe em direção ao mais distante, fazendo o sinal da cruz em cada canto de cada ambiente. Enquanto faz isso, entoe um ponto de defumação ou faça uma oração de coração, pedindo para trazer boa fortuna para o local e que tudo o que não for bom, útil ou verdadeiro se afaste em nome de Deus.
- 6. Após percorrer todos os cômodos, agradeça a energia presente neste ritual e deixe o turíbulo queimar o restante das ervas do lado de fora da casa, ou na varanda, se for um apartamento, até se apagar naturalmente. Recolha o carvão restante e as cinzas e coloque-os em um saco de lixo separado.

Oferenda a Oxóssi para Prosperidade

Indicação: para trazer saúde física e mental, realizar fechamento de contratos, participar de entrevistas de empregos, abrir caminhos, trazer confiança, ter mais energia, disposição e boa sorte nos negócios.

Elementos:

- 1 alguidar
- 1 moranga de tamanho médio
- 6 espigas de milho
- 1 vela verde
- 1 taça
- 1 girassol
- 6 folhas de couve frescas
- 1 pacote de coco ralado
- 1 cerveja clara
- 1 charuto
- 1 cinzeiro
- 1 toalha branca ou verde

Preparo:

Asse a moranga em fogo baixo por aproximadamente 30 minutos ou até amolecer seu interior. Corte uma tampa grande na parte de cima e retire todo o miolo. Acrescente as folhas de couve na parte interna e deixe o topo das folhas saindo um pouco para fora nos quatro cantos. Acrescente as espigas de milho já cozidas dentro da moranga, seguindo o posicionamento das folhas de couve e, no miolo, coloque o coco ralado.

Montagem:

Coloque uma toalha verde ou branca no chão e posicione o alguidar decorado no centro. Do lado direito, coloque a taça de cerveja clara e, do lado esquerdo, a flor de girassol. Na parte superior, coloque a vela verde em um castiçal. Na parte inferior, coloque o charuto já aceso em um cinzeiro. Quando tudo estiver pronto, acenda a vela, consagrando-a a Oxóssi. Segure-a e levante com sua mão direita, acima da cabeça, dizendo:

Consagro e ofereço este ritual ao Pai criador,
à Mãe Terra e ao Orixá Oxóssi.
Peço, por favor, que aceitem e abençoem
esta oferenda em agradecimento por todas
as bênçãos que tenho nesta vida, de acordo
com a Lei Maior e com a Justiça Divina.
Gratidão por tudo.
Que assim seja, amém!

Depois da vela acesa, bata paó ao efetuar a entrega. Agradeça por tudo que já foi conquistado e faça seus pedidos com respeito e concentração.

ENTREGA E DESPACHO

As oferendas podem ser entregues basicamente em três tipos de locais: casa, natureza e templos.

Casa
Pode ser entregue no seu quintal, no seu jardim, na varanda ou até mesmo na sua cozinha, desde que seja um ambiente limpo e organizado, sem misturar com outras coisas que não fazem parte da oferenda. Para o despacho, após 24 horas, peça licença ao Orixá, batendo gentilmente três vezes cada elemento no chão e, em seguida, coloque tudo em um saco de lixo exclusivo para a oferenda. Depois você pode despachar em lixo comum.

Natureza
No caso de Oxóssi, os locais mais adequados na natureza são jardins, parques ou matas. Recomendo que, sempre que possível, volte no dia seguinte para retirar os resíduos, colocando-os em um saco de lixo exclusivo para a oferenda. Depois você pode despachar em lixo comum.

Templos
No caso de entregas em templos, peça sempre autorização para o sacerdote do local, que irá instruir você sobre as regras e os procedimentos.

AFIRMAÇÃO

Indicação: ajuda a potencializar os rituais feitos. Fazer assim que acordar e antes de dormir, por sete dias após ter feito um dos rituais.

Oxóssi, guardião da sabedoria ancestral
Me permita seu conhecimento acessar
Agradeço por sua proteção
E por mais um dia conseguir prosperar

PONTO CANTADO DE OXÓSSI

Os Pontos na Umbanda são cânticos reverenciados que desempenham um papel fundamental nos rituais. Essas melodias sagradas possuem diversas funções, desde a homenagem às entidades até o convite para sua presença no terreiro. Quando entoados pelos fiéis, os pontos se transformam em preces e invocações, conectando o plano material ao espiritual. São entoados com cadência própria e harmonia, criando um ambiente propício à manifestação de Orixás, guias e protetores espirituais. Sua importância está na criação de uma atmosfera de equilíbrio energético, permitindo o sucesso dos trabalhos espirituais. Essas melodias divinas tecem uma teia espiritual, invocando a presença de guias e entidades, e trazendo a luz e a magia da Umbanda para a vida dos praticantes.

Quem manda na mata é Oxóssi
Oxóssi é caçador
Oxóssi é caçador

Ouvi meu pai assoviar
Ele mandou chamar
É na Aruanda auê
É na Aruanda auá

Seu Pena Verde de Umbanda
Ele mandou chamar

Quem manda na mata é Oxóssi
Oxóssi é caçador
Oxóssi é caçador

Ouvi meu pai assoviar
Ele mandou chamar
É na Aruanda auê
É na Aruanda auá

Seu Pena Verde de Umbanda
Ele mandou chamar

Iemanjá – Rainhas se Reconhecem

Nas férias de verão de 1989, minha família e eu fomos à praia do Boqueirão, em Santos (SP). No auge dos meus 9 anos de idade, eu estava animado construindo um castelo de areia que, na minha imaginação infantil, era o mais forte e protegido de toda a praia. Para finalizá-lo, faltava apenas um pouco de água que serviria para criar um rio em volta dele, protegendo-o da invasão de bárbaros.

Peguei meu baldinho e entrei no mar. Senti o frescor da água salgada tocando meus pés e fui tomado por uma sensação de paz, como se uma forte energia estivesse agindo sobre mim. Essa foi a primeira vez que senti o poder das águas. Naquele instante, eu adentrava um domínio que me fazia sentir seguro, acolhido e sereno. Mesmo sem saber, estava no domínio de Iemanjá.

Com todas essas sensações borbulhando em mim, fui atraído um pouco mais para o fundo. Brinquei com a água, me diverti com o vai e vem das ondas quando, subitamente, uma delas cresceu e passou varrendo algumas pessoas, incluindo eu. Não senti medo. Nesse momento, o que experimentei foi a vibração da água na minha pele.

Durante esse "caldo", no meio daquela forte corrente, uma mão me puxou com a mesma intensidade do mar. Levantou-me por um braço só e me trouxe de volta para a superfície. Eu, ainda um pouco desnorteado, senti que alguém me segurou forte contra o corpo. Abri os olhos e vi que quem me segurava era Dona Jane, minha mãe, minha poderosa protetora, a quem confio para estar ao meu lado em todos os planos e desafios desta e de outras vidas.

Dona Jane é a irmã mais velha de uma família de sete, e sempre cuidou de todos à sua volta. Uma mulher de fibra que, mesmo passando por dificuldades, nunca negou um sorriso, um colo, um ombro amigo ou uma escuta amorosa a todos que a procuravam. Benzedeira por herança de minha avó, ela sempre cuidou da nossa família, tirando quebranto de crianças ou conversando com seus guias e Orixás, pedindo que acontecesse o melhor.

Se não me afoguei naquele dia, o motivo é simples: rainhas se reconhecem.

Odoyá! Salve a Senhora das Águas. Salve Dona Jane!

RAINHA DO MAR E FONTE DA VIDA

Iemanjá é a rainha do mar, a soberana mãe das águas, a energia criadora e protetora de todos os oris, divindades que nos protegem e orientam. No sincretismo religioso, ela representa a mãe de Jesus, a Virgem Maria, e também Nossa Senhora dos Navegantes.

Na Astrologia, o signo relacionado a ela é o de Câncer, um signo aquático, cardinal, regido pela Lua, que influencia as marés e se relaciona com a profundidade das nossas emoções. Iemanjá possui o poder da criação, ela é a fonte da vida.

Talvez você nunca tenha cultuado Iemanjá, mas acredito que, em algum momento, tenha feito algum pedido a ela. Especialmente na chegada de um novo ano, quantas vezes você pulou sete ondinhas para celebrar e desejar que o novo ciclo chegasse repleto de boas energias, com os caminhos abertos para a realização dos seus sonhos? Esse ritual no mar, quando nos sentimos prontos para o que está prestes a ter início, é uma saudação à rainha dos mares, parte da tradição umbandista.

Na Umbanda, as oferendas a Iemanjá são entregues na beira do mar. Banquetes com pratos como o ebôya – feito de canjica com azeite virgem e camarões cozidos –, acompanhados de uma taça de espumante branco e ornamentos, como espelhos, rosas brancas, conchas, estrelas-do-mar, lavandas, pentes e outros símbolos que representam sua beleza e seus domínios. Nos banhos, as ervas mais utilizadas na energia de nossa Mãe são a alfazema, o anis-estrelado e a rosa branca, as quais possuem em si a energia feminina, com o poder de equilibrar, iluminar e tranquilizar.

Apesar de muita gente só se lembrar de Iemanjá na virada do ano, oficialmente seu dia comemorativo é 2 de fevereiro, na mesma data em que se celebra Nossa Senhora dos Navegantes. A origem desse título vem da relação com o povo das águas, os marinheiros, que antes de partirem, pediam a proteção dessa santa, também conhecida como Estrela do Mar. Esses navegantes faziam orações e dedicavam oferendas para garantir que teriam travessia e retorno seguros depois de entrarem nos domínios do mar.

Iemanjá também está relacionada com a Lua. Em nosso inconsciente coletivo, a Lua representa o feminino, a fertilidade, o nascimento, o elemento água, o noturno, a intuição, os poderes psíquicos e a magia. É nossa natureza instintiva, nossa espontaneidade e, também, nossos sentimentos. Seu poder gravitacional tem uma enorme influência em nosso planeta e em todos os seres que aqui habitam, por causa da proximidade com a Terra. Por estar tão perto de nós, é uma das principais agentes que influenciam o campo energético onde habitamos. Percebemos isso nos fluxos das marés, no ciclo menstrual, no plantio, na colheita e até mesmo em nosso corpo físico e emocional.

Segundo uma das lendas sobre os mitos e as origens dos Orixás, Iemanjá teria criado a Lua para equilibrar o poder da energia masculina. Orum, o Sol, andava exausto, pois desde a criação do mundo ele nunca tinha dormido. Brilhava sobre a Terra dia e noite. Orum já estava a ponto de se exaurir, de apagar. Com seu brilho eterno, maltratava a

Terra. Ele queimava dia após dia. Já estava quase tudo seco e os humanos já morriam todos.

Os Orixás estavam preocupados e se reuniram para encontrar uma saída. Foi Iemanjá quem trouxe a solução. Ela guardara sob a saia alguns raios de Sol, então os projetou sobre a Terra e mandou que Orum fosse descansar, para depois brilhar de novo. Os fracos raios de luz formaram um outro astro. O Sol descansaria para recuperar suas forças e, enquanto isso, reinaria a Lua. Sua energia fria refrescaria a Terra e os seres humanos não pereceriam no calor. Assim, graças a Iemanjá, Orum pôde dormir. À noite, as estrelas velam por seu sono, até que a madrugada traga outro dia.

Nessa lenda, é reconhecido o papel de Iemanjá como guardiã da vida e da harmonia cósmica, ao conquistar o equilíbrio entre as energias celestiais. A história revela que o poder feminino e a sabedoria ancestral são pilares cruciais para a perpetuação e o florescimento do mundo natural e de todas as criaturas que o habitam. Iemanjá personifica a força materna, a capacidade de preservação e o afeto pela coexistência pacífica entre todos os seres naturais e divinos, da Terra e do Céu.

Existem duas coisas que
curam quase tudo:
a reza de mãe
e a água do mar.

FICHA TÉCNICA

A seguir, apresento de forma resumida as características, os principais elementos e alguns rituais da Orixá Iemanjá, que servirão para você compreender melhor como ativar sua energia e potencializar a conexão com essa divindade. As ações realizadas com conhecimento tornam a prática muito mais segura e assertiva. Alinhe sua intenção com suas ações e pratique-as com respeito, fé e amor. Peça que a Lei Maior e a Justiça Divina permitam que você acesse o poder da criação, da regeneração e do elemento aquático de Iemanjá.

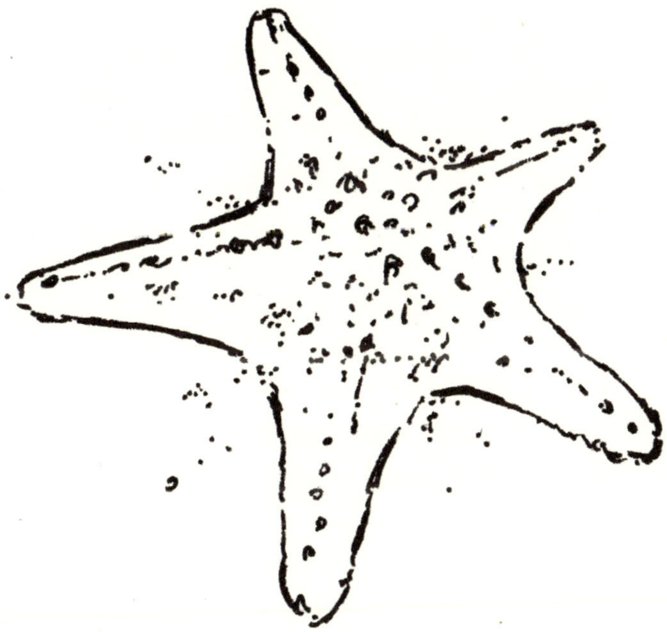

Iemanjá	Rainha do mar
Sincretismo	Nossa Senhora dos Navegantes
Saudação	Odoyá! Salve a Senhora das águas!
Dia de celebração	2 de fevereiro
Dia da semana	Sábado
Número mágico	4
Elemento	Água
Chacra	Frontal
Símbolos	Onda, Lua e estrela-do-mar
Cores	Azul-claro, branco e prateado
Fios de contas	Azul-claras ou brancas e azul-claras
Objetos	Abebé prateado (leque/espelho), alfange (espada)
Cristais	Pedra da Lua, água-marinha, madrepérola e diamante
Verbos	Gerar, regenerar, criar, inovar, conceber, apaziguar, limpar, purificar
Metal	Prata ou aço
Planeta	Lua
Ervas	Camomila, anis-estrelado e cravo-da-índia
Flores	Rosa branca, margarida, jasmim e alfazema
Pontos de força	Mar e praia
Comidas	Eboyá, manjar e tainha
Bebidas	Água, vinho branco ou espumante

RITUAIS

Banho de Equilíbrio de Iemanjá

Indicação: para trazer tranquilidade, obter novas ideias e ter mais paz.

Elementos:

- 1 vela verde para Oxóssi
- 1 vela azul-clara para Iemanjá
- 1 caldeirão ou panela com 2 litros de água
- 1 punhado de camomila, alfazema e anis-estrelado
- 1 rosa branca

Preparo:

- 1. Vista uma peça de roupa branca, pelo menos na parte de cima do corpo, para fazer o ritual.
- 2. Acenda a vela verde e segure-a com sua mão direita acima da cabeça, consagrando-a ao Orixá Oxóssi, que governa o reino vegetal, com a seguinte evocação:

Pai Criador, Mãe Terra, Pais e Mães Orixás,
Orixá Oxóssi, eu vos saúdo e reverencio, pedindo
que abençoem este banho de ervas, ativando
cada um destes elementos, tornando-os força
viva e ativa, com o poder de limpar, curar,
equilibrar, energizar e proteger meu corpo físico,
mental, emocional e espiritual, de acordo com a
Lei Maior e a Justiça Divina.
Que assim seja, amém!

- 3. Coloque 2 litros de água filtrada em um recipiente e adicione as ervas. Enquanto macera as ervas até formar um caldo verde, acrescente as pétalas da rosa branca e concentre sua intenção em ativar os elementos vegetais de acordo com seu objetivo, agradecendo por tê-lo alcançado. Deixe repousar por dez minutos.
- 4. Em seguida, faça uma oração de coração acendendo a vela azul-clara e peça à Iemanjá que abençoe este banho e, por meio deste ritual, possa equilibrar seu campo físico, mental e espiritual.
- 5. Transfira a mistura para um caldeirão ou panela, tampe e aqueça em fogo baixo. Desligue o fogo antes de ferver e deixe repousar por mais dez minutos antes de coar.
- 6. Após seu banho de higiene regular, despeje o banho preparado em seu corpo inteiro, desde a parte da frente até a parte de trás, abaixo do pescoço.
- 6. Aguarde dois minutos para que seu corpo absorva a energia, respirando profundamente sete vezes. Mentalize seu objetivo principal já concretizado e agradeça.
- 7. Repita em voz alta sete vezes: "Gratidão por todas as bênçãos e aprendizados já conquistados".
- 8. Vista uma peça de roupa azul-clara e se conecte com a energia que foi ativada.

Defumação de Limpeza e Paz de Iemanjá

Indicação: limpar, equilibrar e tranquilizar o ambiente.

Elementos:

- 1 vela verde
- 2 punhados de carvão
- 1 turíbulo
- Álcool gel 80%
- 1 punhado de camomila, casca de alho e alfazema

Preparo:

- 1. Vista uma peça de roupa branca, pelo menos na parte de cima do corpo.
- 2. Acenda a vela verde, segurando-a com sua mão direita acima da cabeça, consagrando-a ao Orixá Oxóssi, que detém o domínio sobre o reino vegetal, com a seguinte evocação:

Pai Criador, Mãe Terra, Pais e Mães Orixás,
Orixá Oxóssi, eu vos saúdo e vos reverencio, pedindo que
abençoem esta defumação com ervas, despertando cada
um destes elementos, tornando-os força viva e ativa,
com o poder de limpar, curar, equilibrar e proteger
minha casa e meu corpo físico, mental, emocional e
espiritual, de acordo com a Lei Maior e a Justiça Divina.
Que assim seja, amém!

- 3. Acenda o carvão dentro do turíbulo e aguarde até que ele esteja em brasa. Logo após, insira as ervas nele.
- 4. Em seguida, faça uma oração de coração pedindo à Orixá Iemanjá que, por meio deste ritual, possa remover toda energia prejudicial que esteja presente no local e nas pessoas que o habitam, trazendo paz, saúde e equilíbrio.
- 5. Dirija-se ao cômodo mais distante da porta de entrada de sua casa ou estabelecimento e caminhe em direção à entrada principal, fazendo o sinal da cruz em cada canto de cada ambiente. Enquanto faz isso, entoe um ponto de defumação ou faça uma

oração de coração, pedindo para limpar o ambiente, e que tudo o que não for bom, útil ou verdadeiro se afaste em nome de Deus.

- 6. Após percorrer todos os cômodos, agradeça a energia presente neste ritual e deixe o turíbulo queimar o restante das ervas do lado de fora da casa, ou na varanda, se for um apartamento, até se apagar naturalmente. Recolha o carvão restante e as cinzas e coloque-os em um saco de lixo separado.

Oferenda a Iemanjá

Indicação: para acalmar os pensamentos, trazer equilíbrio emocional, aumentar o campo da percepção, ativar a energia feminina e aumentar o poder de criação.

Elementos:

- 4 velas azul-claras
- Essência de alfazema
- 4 rosas brancas
- 300 gramas de canjica
- 100 gramas de camarão
- Azeite extravirgem
- 1 louça branca
- 1 taça de vinho branco
- 1 toalha branca ou azul-clara
- Castiçais ou porta-velas

Preparo:

Refogue o camarão com azeite extravirgem e junte-o à canjica já preparada. Depois de misturar tudo, espere esfriar e monte em uma louça branca. Decore com as rosas brancas por cima.

Montagem:

Coloque um pano ou toalha branca ou azul-clara no chão ou na mesa. Coloque a louça, já com a comida em temperatura ambiente, no centro, e a taça com vinho branco do lado esquerdo. Nos quatros pontos cardeais (Norte, Sul, Leste e Oeste), próximo ao prato, coloque as velas azul-claras já untadas de alfazema em castiçais ou porta-velas. Quando tudo estiver pronto, acenda as velas, consagrando-as a Iemanjá. Segure e as levante com sua mão direita, acima da cabeça, dizendo:

Consagro e ofereço este ritual a Deus Pai, à Mãe Terra
e à Orixá Iemanjá. Peço, por favor, que aceitem e abençoem
esta oferenda em agradecimento por todas as bênçãos
que tenho nesta vida, de acordo com a Lei Maior e com a
Justiça Divina. Gratidão por tudo. Que assim seja, amém!

ENTREGA E DESPACHO

As oferendas podem ser entregues basicamente em três tipos de locais: casa, natureza e templos.

Casa
Pode ser entregue no seu quintal, no seu jardim, na varanda ou até mesmo na sua cozinha, desde que seja um ambiente limpo e organizado, sem misturar com outras coisas que não fazem parte da oferenda. Para o despacho, após 24 horas, peça licença ao Orixá, batendo gentilmente três vezes cada elemento no chão e, em seguida, coloque tudo em um saco de lixo exclusivo para a oferenda. Depois você pode despachar em lixo comum.

Natureza
No caso de Iemanjá, os locais mais adequados na natureza são praias. Recomendo que, sempre que possível, volte no dia seguinte para retirar os resíduos, colocando-os em um saco de lixo exclusivo para isso. Depois você pode despachar em lixo comum.

Templos
No caso de entregas em templos, após pedir autorização para o sacerdote ou responsável pelo local, basta fazer sua entrega que eles mesmos a recolhem no dia seguinte.

AFIRMAÇÃO

Indicação: ajuda a potencializar os rituais feitos. Realizar assim que acordar e antes de dormir por sete dias após ter feito um dos rituais.

Iemanjá, minha mãe
Cuide de mim ao dormir e ao acordar
Abençoe e proteja o meu dia
Com a força das águas do mar

PONTO CANTADO DE IEMANJÁ

Os Pontos na Umbanda são cânticos reverenciados que desempenham um papel fundamental nos rituais. Essas melodias sagradas possuem diversas funções, desde a homenagem às entidades até o convite para sua presença no terreiro. Quando entoados pelos fiéis, os pontos se transformam em preces e invocações, conectando o plano material ao espiritual. São entoados com cadência própria e harmonia, criando um ambiente propício à manifestação dos Orixás, guias e protetores espirituais. Sua importância está na criação de uma atmosfera de equilíbrio energético, permitindo o sucesso dos trabalhos espirituais. Essas melodias divinas tecem uma teia espiritual, invocando a presença de guias e entidades, e trazendo a luz e a magia da Umbanda para a vida dos praticantes.

Que canto lindo que vem lá do mar
Parece que as ondas estão a cantar
Que canto lindo que vem lá do mar
Parece que as ondas estão a cantar

Iê Iemanjá
Rainha das ondas, sereia do mar
Iê Iemanjá
Rainha das ondas, sereia do mar

Como é lindo o canto de Iemanjá
Faz até o pescador chorar
Quem escuta a Mãe d'água cantar
Vai com ela pro fundo do mar

Iê Iemanjá
Rainha das ondas, sereia do mar
Iê Iemanjá
Rainha das ondas, sereia do mar

Xangô e a Justiça Divina

Xangô foi um dos últimos Orixás que comecei a estudar mais a fundo, desde que me tornei umbandista. Sempre soube que ele era o juiz dos homens, aquele que avalia a situação de um lugar neutro, sendo implacável em sua decisão. Com Xangô, não existem dois pesos e duas medidas. O que é certo é certo. O que é justo é justo. Sua lei está acima da dos homens, pois Xangô enxerga fundo no coração de cada um. Ele enxerga a intenção que nos motiva.

Tive medo de me relacionar com uma energia que tivesse essa leitura tão nítida sobre mim. Afinal, com exceção de santos e mártires, acredito que poucos de nós vivem de boas intenções todos os dias, o tempo todo. Pecamos e erramos continuamente. Podemos ser egoístas, mesquinhos, gananciosos e quase sempre pensamos no nosso próprio bem-estar e no dos nossos familiares em primeiro lugar. Os exemplos de nossas falhas são muitos, por isso sempre senti medo de ser julgado implacavelmente pelas minhas próprias.

Sempre clamamos por justiça, contanto que seja aquela que nos beneficia ou que não nos traga efeitos negativos. Pedimos que a justiça seja feita, desde que o resultado nos coloque como vítimas ou heróis. Só que o buraco aqui é um pouco mais embaixo.

Afinal, o que é justiça? Segundo o dicionário, justiça é "a qualidade do que está em conformidade com o que é direito; maneira de perceber, avaliar o que é direito, justo". Já a palavra direito representa "o que segue a lei e os bons costumes; o que é justo, correto e honesto".

Mas o que é justo para um é justo para todos? O que é justo para mim pode ser injusto para você, assim como a compreensão sobre o que é certo ou errado varia, dependendo da origem, da educação, da cultura e da situação de vida de cada um. Não justifico aqui qualquer tipo de crime, mas podemos (ou devemos) julgar da mesma forma um pai que rouba um pão para alimentar o filho faminto e um bilionário que rouba milhões para enriquecer ainda mais?

Leis e costumes também mudam conforme a época. Se os cristãos, por exemplo, levassem ao pé da letra o que está no Antigo Testamento, não restaria muita gente para ser salva no dia do Juízo Final. Basta dar uma rápida passada de olhos nos versículos de Levítico para entender do que estou falando. Para cada época, uma série de leis são aplicadas, mas as pessoas evoluem, os tempos mudam. O que antes resultava em pena de morte, como cortar a barba ou consumir carne de porco, hoje são escolhas tratadas apenas como uma preferência estética, gosto culinário ou cultura.

O que não muda é a intenção por trás de cada decisão, de cada ato, de cada comportamento – e é isso que Xangô vê com precisão. Se minha intenção é justa, boa, útil e verdadeira, ela é mais forte do que a lei dos homens, pois acredito que está amparada na lei dos Orixás, na lei de Xangô. Se erro nessa afirmação, erro com a intenção correta e isso já me basta.

Desde que me aproximei dessa energia, procuro fazer com que minhas ações sejam guiadas pelas melhores intenções. E quando sinto que estou sendo injustiçado, encontro conforto quando me conecto com Xangô. Com respeito e zelo, apresento-me a ele como quem se apresenta a um juiz, explicando toda a situação sob o meu ponto de vista, de forma clara e sucinta. Peço sabedoria para agir, paciência para esperar e que aconteça o que for melhor – mesmo que, naquele momento, eu ainda não compreenda o verdadeiro significado do que é melhor para mim.

Ao buscar a justiça divina com a orientação de Xangô, aprendi que nem sempre o que almejo no momento é o que realmente me trará felicidade e crescimento em longo prazo. Aprendi a confiar no processo e a aceitar que o destino pode nos conduzir por caminhos inesperados.

Com Xangô ao meu lado, encontro forças para enfrentar as adversidades, e para confiar que a justiça divina prevalecerá e me trará equilíbrio e sabedoria. A justiça de Xangô é mais do que uma busca por recompensa imediata; é uma busca por um alinhamento com os desígnios do universo. É a certeza de que, no final, tudo se encaixa da melhor forma possível.

XANGÔ – O REI DA JUSTIÇA

O Dia de Xangô é celebrado na mesma data de São Jerônimo: 30 de setembro. São Jerônimo ficou conhecido quando a Bíblia foi traduzida para o latim, o que facilitou o acesso a essas escrituras na época. Sua imagem foi representada por artistas como Caravaggio, na obra "São Jerônimo escrevendo", e Leonardo da Vinci, em "São Jerônimo no deserto". Assim como Xangô, ele representa a sabedoria e a justiça. É o protetor dos intelectuais, magistrados e estudiosos.

Xangô é representado pelo número 3, um algarismo que, além da comunicação, representa o equilíbrio. Ele é o Orixá Masculino da Justiça, do elemento ígneo que auxilia a lei do carma dos seres vivos. O terceiro chacra – Manipura, também conhecido como chacra umbilical – está relacionado a ele, por favorecer a força, a vitalidade física e o poder pessoal.

O símbolo do axé de Xangô assume a forma de um machado, ostentando duas lâminas que apontam em direções opostas. Esse símbolo é muito significativo, pois ilustra o poder inerente a Xangô, capaz de agir e discernir em ambas as vertentes. Para o detentor da justiça, a visão unilateral é inadequada; sua tarefa transcende a defesa de um único ponto de vista. Em meio a uma disputa, sua influência pode ser direcionada para qualquer uma das partes, evidenciando assim a independência e a abrangência total que permeiam a aplicação da justiça sob sua proteção.

Uma das lendas sobre esse Orixá conta que, quando Xangô foi rei de Oió – um poderoso reino iorubá localizado no atual território da

Nigéria –, ele era muito temido e respeitado por seu povo. Porém, seu reino foi atacado por guerreiros implacáveis e uma batalha violenta devastou a cidade. Mesmo lutando bravamente, Xangô percebeu que a derrota era iminente e buscou conselho com Orunmilá, divindade da profecia e da adivinhação, que o instruiu a subir em uma pedreira e aguardar orientação dos céus.

No ponto mais alto, tomado pela fúria, Xangô quebrou as pedras com seu machado de duas lâminas, desencadeando raios que se transformaram em chamas e eliminaram muitos inimigos. Os sobreviventes se renderam e revelaram que lutavam forçados por um monarca vizinho. Quando confrontado com a verdade, Xangô os perdoou, tornando-se conhecido como o Orixá da justiça que perdoa os sinceros, mas queima com sua ira os mentirosos e os delinquentes.

Seu dia da semana é quarta-feira, data ideal para oferecer pratos com quiabo e rabada de boi com óleo de dendê, que devem ser entregues em pedreiras ou cumes das montanhas, locais onde estão os domínios de Xangô. Regido pelo planeta Júpiter, os metais relacionados com sua energia são o bronze e o cobre. Entre as pedras utilizadas em magias dedicadas a ele, encontramos o jaspe vermelho e a pedra do sol.

Conectar-se com Xangô é se conectar com sua verdade interior, sua natureza, seus valores, crenças e sentimentos. É uma tarefa árdua, pois isso também significa ir ao encontro da sua sombra, onde habitam seus medos, traumas e atitudes passadas que muitas vezes estão desalinhadas do seu propósito. Ao mesmo tempo, este é o único caminho para viver sua verdade.

Quando nos despimos das máscaras que utilizamos no dia a dia para sermos aceitos, encontramos nossa verdadeira essência e conseguimos agir de maneira autêntica e íntegra. Xangô nos cobra e nos entrega o justo. O que nos cabe é seguirmos nossa jornada e, por meio de atos, conquistarmos a força que só um ser ígneo é capaz de nos dar: a força da verdade.

A justiça divina não está ao alcance da nossa compreensão imediata; é neste momento que entra a tal da fé.

FICHA TÉCNICA

A seguir, apresento de forma resumida as características, os principais elementos e alguns rituais do Orixá Xangô, que servirão para você compreender melhor como ativar esta energia e potencializar sua conexão com essa divindade. As ações realizadas com conhecimento tornam a prática muito mais segura e assertiva. Alinhe sua intenção com suas ações e pratique-as com respeito, fé e amor. Peça que a Lei Maior e a Justiça Divina permitam que você acesse o poder do equilíbrio, da justiça e do elemento ígneo de Xangô.

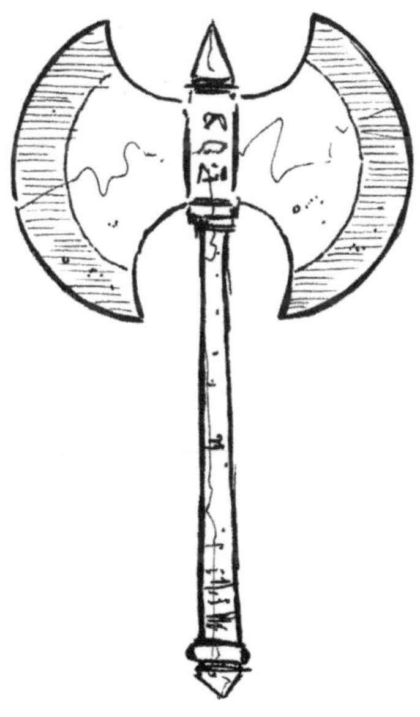

Xangô	Rei da sabedoria e da justiça
Sincretismo	São Jerônimo
Saudação	Kaô Kabecilê! Permita-me vê-lo, majestade!
Dia de celebração	30 de setembro
Dia da semana	Quarta-feira
Número mágico	3
Elemento	Fogo
Chacra	Umbilical
Símbolo	Machado
Cores	Marrom ou vermelho
Fios de contas	Marrons ou vermelhas
Objeto	Machado de duas lâminas
Cristais	Jaspe vermelho, pirita, pedra do sol, olho de tigre
Verbos	Julgar, analisar, refletir, sentenciar, perdoar, redimir e equilibrar
Fator	Equilibrador
Metais	Bronze e cobre
Planeta	Júpiter
Ervas	Aroeira, jurema-preta, folha de fogo, para-raio, barba-de-velho, folha de café, cipó-cravo, manjericão roxo e obi seco
Flores	Girassol, hibisco e ipê-roxo
Pontos de força	Montanhas e pedreiras
Comida	Amalá
Bebidas	Água, cerveja escura, vinho tinto e licor de ambrosia

RITUAIS

Banho de Equilíbrio e Energia de Xangô

Indicação: para trazer equilíbrio físico e mental na tomada de decisões importantes. Serve também para ter mais energia para encarar os desafios.

Elementos:

- 1 vela verde para Oxóssi
- 1 vela vermelha para Xangô
- 1 caldeirão ou panela com 2 litros de água
- 1 punhado de folhas de café, pétalas de girassol, manjericão roxo e casca de romã

Preparo:

- 1. Vista uma peça de roupa branca, pelo menos na parte de cima do corpo, para fazer o ritual.
- 2. Acenda a vela verde e segure-a com sua mão direita acima da cabeça, consagrando-a ao Orixá Oxóssi, que governa o reino vegetal, com a seguinte evocação:

Pai Criador, Mãe Terra, Pais e Mães Orixás, Orixá
Oxóssi, eu vos saúdo e reverencio, pedindo
que abençoem este banho de ervas,
ativando cada um destes elementos,
tornando-os força viva e ativa, com o poder
de limpar, curar, equilibrar, energizar e
proteger meu corpo físico, mental, emocional e
espiritual, de acordo com a Lei Maior e a Justiça Divina.
Que assim seja, amém!

- 3. Coloque os 2 litros de água filtrada em um recipiente e adicione as ervas. Enquanto macera as ervas até formar um caldo verde, concentre sua intenção em ativá-las de acordo com seu objetivo, agradecendo por tê-lo alcançado. Deixe repousar por dez minutos.

- 4. Em seguida, faça uma oração de coração acendendo a vela vermelha e peça ao Orixá Xangô que abençoe este banho e, por meio deste ritual, traga equilíbrio e vitalidade para a sua vida.
- 5. Transfira a mistura para um caldeirão ou panela, tampe e aqueça em fogo baixo. Desligue o fogo antes de ferver e deixe repousar por mais dez minutos antes de coar.
- 6. Após seu banho de higiene regular, despeje o banho preparado em seu corpo inteiro, desde a parte da frente até a parte de trás, abaixo do pescoço.
- 7. Aguarde dois minutos para que seu corpo absorva a energia, respirando profundamente sete vezes. Mentalize seu objetivo principal já concretizado e agradeça.
- 8. Repita em voz alta sete vezes: "Gratidão por todas as bênçãos e aprendizados já conquistados".
- 9. Vista uma peça de roupa marrom e se conecte com a energia que foi ativada.

Banho de Limpeza de Xangô

Indicação: para limpar seu corpo físico, mental e espiritual de miasmas astrais e maus-olhados. Ajuda nos processos de corte de demandas.

Elementos:

- 1 vela verde para Oxóssi
- 1 vela marrom para Xangô
- 1 caldeirão ou panela com 2 litros de água
- 1 punhado de folhas de manjericão, para-raio e arruda

Preparo:

- Idem ao Banho de Equilíbrio.

Defumação de Equilíbrio de Xangô

Indicação: para trazer equilíbrio físico e mental nas tomadas de decisões importantes. Serve também para ter mais energia para encarar os desafios.

Elementos:

- 2 punhados de carvão
- 1 turíbulo
- Álcool gel 80%
- 1 vela verde para Oxóssi
- 1 vela marrom para Xangô
- 1 punhado de folhas de café, levante e sementes de girassol

Preparo:

- 1. Vista uma peça de roupa branca, pelo menos na parte de cima do corpo.
- 2. Acenda a vela verde, segurando-a com sua mão direita acima da cabeça, consagrando-a ao Orixá Oxóssi, que possui domínio sobre o reino vegetal, com a seguinte evocação:

Pai Criador, Mãe Terra, Pais e Mães Orixás, Orixá
Oxóssi, eu vos saúdo e vos reverencio, pedindo
que abençoem esta defumação com ervas,
despertando cada um destes elementos,
tornando-os força viva e ativa, com o poder
de limpar, curar, equilibrar e proteger minha
casa e meu corpo físico, mental, emocional e
espiritual, de acordo com a Lei Maior e a Justiça Divina.
Que assim seja, amém!

- 3. Acenda o carvão dentro do turíbulo e aguarde até que ele esteja em brasa. Depois, insira as ervas nele.
- 4. Em seguida, faça uma oração de coração acendendo a vela marrom e peça ao Orixá Xangô que, por meio deste ritual, traga muito equilíbrio físico, mental, emocional e espiritual para você e todos do local.
- 5. Comece pelo cômodo de entrada e caminhe em direção ao mais distante, fazendo o sinal da cruz em cada canto de cada ambiente. Enquanto faz isso, entoe um ponto de defumação ou faça uma oração de coração, pedindo para trazer equilíbrio

energético para o local, e que tudo o que não for bom, útil ou verdadeiro se afaste em nome de Deus.

- 6. Após percorrer todos os cômodos, agradeça a energia presente neste ritual e deixe o turíbulo queimar o restante das ervas do lado de fora da casa ou na varanda, se for um apartamento, até se apagar naturalmente. Recolha o carvão restante e as cinzas e coloque-os em um saco de lixo separado.

Oferenda Amalá para Xangô

Indicação: para resolver questões judiciais, trazer equilíbrio, força e coragem, além de auxiliar na tomada de decisões importantes.

Elementos:

- 4 velas vermelhas ou marrons
- 1 porta-velas
- 1 gamela de madeira
- 1 cebola
- 150 gramas de camarão limpo
- 500 gramas de quiabo picado em rodelas
- 200 ml de dendê
- Nome dos beneficiados embaixo da cabaça ou dentro dela
- 1 pano ou toalha marrom ou vermelha
- 12 quiabos para decorar
- 1 taça de vinho tinto
- 1 flor de girassol

Preparo:

- Lave bem os quiabos e seque-os com papel toalha. Retire as extremidades e corte-os em rodelas finas. Descasque e pique a cebola em pedaços pequenos. Em uma frigideira grande, aqueça um pouco de óleo em fogo médio. Adicione a cebola picada na frigideira e refogue até ficar translúcida e levemente dourada. Acrescente os camarões descascados à frigideira e refogue por cerca de três minutos, ou até que fiquem rosados e cozidos. Adicione as rodelas de quiabo à frigideira, e misture bem com os camarões e a cebola. Tempere com sal a gosto e continue refogando por mais cinco a sete minutos, mexendo ocasionalmente, até que o quiabo fique macio. Retire do fogo. Depois, separadamente, em uma frigideira refogue os 12 quiabos inteiros com um pouco de dendê. Deixe tampado e mexa de tempo em tempo até os quiabos ficarem macios. Desligue o fogo e vá para a montagem.

Montagem:

- Coloque sobre um pano vermelho ou marrom a gamela de madeira, acrescente o quiabo preparado com camarões ainda quente e decore com 12 quiabos inteiros de pé, com as pontas para cima, fazendo alusão ao formato de uma coroa, ao redor da gamela. Do lado direito do pano, coloque uma taça de vinho tinto e, do lado esquerdo, o girassol amarelo. Posicione as velas em formato de quadrado nos porta-velas (em cima, embaixo, do lado direito e do lado esquerdo). Quando tudo estiver pronto, acenda as velas, consagrando-as a Xangô. Segure e as levante com sua mão direita, acima da cabeça, dizendo:

Consagro e ofereço este ritual a Deus Pai, à
Mãe Terra e ao Orixá Xangô. Peço, por favor, que
aceitem e abençoem esta oferenda em agradecimento
por todas as bênçãos que tenho nesta vida, de acordo
com a Lei Maior e com a Justiça Divina.
Gratidão por tudo.
Que assim seja, amém!

Depois das velas acesas, bata paó ao efetuar a entrega. Agradeça por tudo que já foi conquistado e faça seus pedidos com respeito e concentração.

ENTREGA E DESPACHO

As oferendas podem ser entregues basicamente em três tipos de locais: casa, natureza e templos.

Casa

Pode ser entregue no seu quintal, no seu jardim, na varanda ou até mesmo na sua cozinha, desde que seja um ambiente limpo e organizado, sem misturar com outras coisas que não façam parte da oferenda. Para o despacho, após 24 horas, peça licença ao Orixá, batendo gentilmente três vezes cada elemento no chão e, em seguida, coloque tudo em um saco de lixo exclusivo para a oferenda. Depois você pode despachar em lixo comum.

Natureza

No caso de Xangô, os locais mais adequados na natureza são as pedreiras e as montanhas. Recomendo que, sempre que possível, volte no dia seguinte para retirar os resíduos, colocando-os em um saco de lixo exclusivo para a oferenda. Depois você pode despachar em lixo comum.

Templos

No caso de entregas em templos, peça sempre autorização para o sacerdote do local, que irá lhe instruir sobre as regras e os procedimentos.

AFIRMAÇÃO

Indicação: ajuda para potencializar os rituais feitos. Fazer assim que acordar e antes de dormir por sete dias, após ter feito um dos rituais.

Xangô, olhe por mim, meu pai
Cuida da minha casa e da minha lida
Me traga o senso de justiça neste dia
Para ter equilíbrio sempre em minha vida

PONTO CANTADO DE XANGÔ

Os Pontos na Umbanda são cânticos reverenciados que desempenham um papel fundamental nos rituais. Essas melodias sagradas possuem diversas funções, desde a homenagem às entidades até o convite para sua presença no terreiro. Quando entoados pelos fiéis, os pontos se transformam em preces e invocações, conectando o plano material ao espiritual. São entoados com cadência própria e harmonia, criando um ambiente propício à manifestação de Orixás, guias e protetores espirituais. Sua importância está na criação de uma atmosfera de equilíbrio energético, permitindo o sucesso dos trabalhos espirituais. Essas melodias divinas tecem uma teia espiritual, invocando a presença de guias e entidades, e trazendo a luz e a magia da Umbanda para a vida dos praticantes.

Se eu errei, aqui eu estou
Pedindo maleme Meu Pai Xangô
Se eu errei, aqui eu estou
Pedindo maleme Meu Pai Xangô

Mandai-me a faísca de um raio para me iluminar
Segura a pedra na pedreira, não deixa rolar
Xangô, caô meu pai
Os seus filhos bambeiam, mas não caem
Xangô, caô meu pai
Os seus filhos bambeiam, mas não caem

Se eu errei, aqui eu estou
Pedindo maleme, meu Pai Xangô
Se eu errei, aqui eu estou
Pedindo maleme, meu Pai Xangô

Mandai-me a faísca de um raio para me iluminar
Segura a pedra na pedreira, não deixa rolar
Xangô, caô meu pai
Os seus filhos bambeiam, mas não caem

Ogum, a Coragem e a Lei em Ação

Desde pequeno me considero uma pessoa destemida. Sempre fui do tipo que encarava os desafios. Se tivesse medo, ia com medo mesmo. Acredito que herdei essa valentia de minha mãe, Dona Jane, uma mulher guerreira e de fibra, que do alto do seu 1,52 metro sempre mostrou coragem em seus atos e em sua postura, defendendo aqueles que precisavam e dando força para aqueles que não a tinham.

Mais velho, percebi que esse traço de ousadia e, às vezes, o fato de ser genioso também tinham relação com meu Orixá de Frente, que comanda minha vida e me protegeu em todos os caminhos que percorri nesta encarnação. Ogum é meu Orixá de Cabeça.

Em todos os momentos em que houve algum tipo de evolução em minha vida, carreira, espiritualidade, conquistas materiais ou relacionamentos, eles foram marcados por situações que me tiravam da zona de conforto. Era como se sentisse que estava passando por um teste. Quando chegava o momento decisivo, as sensações eram sempre as mesmas: suor frio, borboletas na barriga e uma inquietação que me tirava o sono.

Entretanto, assim como essas sensações surgiam, elas desapareciam quando eu decidia ir em frente. Não importava o que fosse acontecer, o caminho se construía. Aprendi depois de alguns anos, com meu amigo Emanuel dos Santos, que a gente só precisa se preocupar em fazer nossa parte na vida; os deuses e as deusas completam o resto.

Um dos momentos decisivos da minha carreira foi quando descobri que havia um problema financeiro na empresa da qual era sócio com alguns "amigos". Quando percebi que, mesmo depois de muita conversa, não haveria conciliação, fui buscar ajuda na espiritualidade. Conectei-me com minha ancestralidade e meu Orixá de Frente. Após rezar muito ao meu Pai Ogum, fiz uma oferenda pedindo para ele me dar força, coragem e direção.

No dia seguinte, acordei convicto de minha decisão: não compartilharia meu tempo e minha energia com pessoas em quem não confiava mais. Decidi vender minha parte da empresa e abandonar esse projeto que tinha criado do zero. Abri mão dos clientes e da equipe que tinha conquistado nos últimos anos e saí levando apenas meu computador embaixo do braço. A conta era simples: minha paz e verdade valiam mais do que qualquer dinheiro.

Essa experiência me ensinou muito. Ao me conectar com a energia da divindade do Trono da Lei, Ogum, ficou claro que aquele ciclo da minha vida havia se encerrado e era hora de iniciar uma jornada em que eu fosse o único responsável pelo meu destino. Minha sensação era a de que seria vitorioso no que me propusesse a fazer. Montei uma nova empresa do zero e em menos de dois anos já tinha minha nova equipe, com espaço próprio e uma nova carteira de clientes.

Filhos de Ogum não se curvam diante das injustiças. Faz parte da nossa natureza agirmos de acordo com a nossa verdade.

OGUM – O GENERAL DA UMBANDA

Ogum está entre os Orixás mais conhecidos no mundo. Ele é o maior dos guerreiros, o Orixá da lei, reconhecido como símbolo de resistência e luta. Filho de Iemanjá e irmão mais velho de Oxóssi e Exu, é o detentor do conhecimento das artes da batalha, da tecnologia, da agricultura e do aço.

O chacra relacionado à sua vibração é o Vishuddha, também conhecido como chacra laríngeo. Seu planeta é Marte e suas cores são o azul, em tempos de paz, e o vermelho, em tempos de guerra.

Os filhos de Ogum são conhecidos por serem pessoas corajosas, independentes, com temperamento forte e que não se dobram facilmente. Buscam defender seus ideais e os amigos que amam, além de proteger os mais fracos para diminuir a injustiça ao seu redor.

A coragem desses filhos é amparada por suas convicções, o que pode ser bom ou ruim, dependendo de como essas convicções foram construídas ao longo da vida. Seu número é o 7, e os símbolos que o representam são a espada e a bigorna, sinais de poder, proteção, autoridade e poder de transformação. A bigorna em virtude de sua relação com a forja, a metalurgia e a habilidade de transformar o metal bruto em armas e ferramentas.

Ogum é considerado o forjador das batalhas, aquele que capacita os indivíduos a enfrentarem os obstáculos da vida. Além disso, a bigorna simboliza a resistência e a perseverança necessárias para transformar algo bruto em algo valioso. Da mesma forma, Ogum representa a capacidade de superar as adversidades e transformar desafios em oportunidades.

Já a espada representa a força guerreira de Ogum, seu poder de vencer desafios e proteger seus seguidores. Ela corta energias prejudiciais e obstáculos que possam estar no caminho dos seus filhos, desfaz as demandas espirituais e corta influências negativas. Sua espada também representa a disciplina, o controle e a determinação necessários para enfrentar os desafios da vida.

No sincretismo religioso, ele é representado por São Jorge, soldado romano notável que se tornou um alto oficial do exército imperial. Uma das versões sobre a jornada desse santo conta que, após a morte de sua mãe, Jorge, ao receber a herança, doou todos os bens para os mais pobres e necessitados. Essa atitude acabou chamando a atenção da corte imperial que, até então, desconhecia sua fé cristã. Vale lembrar que, naqueles tempos, os romanos cultuavam deuses como Júpiter, Marte, Vênus, entre outros.

O imperador Diocleciano, no ano 303 d.C., emitiu um decreto ordenando a prisão de todos os soldados romanos que fossem cristãos, exigindo também que as pessoas oferecessem sacrifícios aos deuses cultuados pelos romanos. Jorge, após saber de tal ordem, teria ido ao encontro de seu imperador e, perante a corte, se declarado cristão. Como a carreira e a reputação do soldado eram impecáveis, o imperador tentou fazer com que ele negasse sua religião, oferecendo-lhe ouro e terras, mas isso não adiantou.

Mediante as recusas do soldado cristão, Diocleciano mandou torturá-lo até que ele renegasse suas crenças, mas, mesmo assim, Jorge se manteve fiel à sua fé cristã. Não conseguindo dissuadi-lo, o imperador mandou degolá-lo em 23 de abril do mesmo ano. Diversos cidadãos romanos se solidarizaram com a dor do jovem guerreiro, inclusive a mulher do imperador, que posteriormente se converteu ao Cristianismo. Jorge se tornou um mártir.

Sua espada carrega uma forte simbologia por representar força e coragem. Ela é relacionada até os dias de hoje com uma planta conhecida popularmente como espada-de-são-jorge ou espada-de-ogum. Desde o século IV d.C., essa alusão está presente no inconsciente coletivo de diversos povos, os quais acreditam que a planta traz em si um poder singular. Cultivá-la é uma forma de se conectar com essa energia de luz que há séculos nos protege no plano físico e espiritual, sustentada pelas ações de um soldado que semeou na terra a caridade, a bravura e a fé.

Salve Jorge! Patakory Ogum. Ogunhê!

Quem quer andar ao lado de Ogum precisa saber que existe apenas um caminho, o da lei.

FICHA TÉCNICA

A seguir, apresento de forma resumida as características, os principais elementos e alguns rituais do Orixá Ogum, que servirão para você compreender melhor como ativar esta energia e potencializar sua conexão com essa divindade. As ações realizadas com conhecimento tornam a prática muito mais segura e assertiva. Alinhe sua intenção com suas ações e pratique-as com respeito, fé e amor. Peça que a Lei Maior e a Justiça Divina permitam que você acesse o poder da coragem, da proteção, da direção e do elemento eólico de Ogum.

Ogum	O general da Umbanda
Sincretismo	São Jorge
Saudação	Patakori Ogum! Ogunhê! Salve o Senhor da Guerra! Salve Ogum!
Dia de celebração	23 de abril
Dia da semana	Terça-feira
Número mágico	7
Elemento	Ar
Chacra	Laríngeo
Símbolos	Espada e bigorna
Cores	Vermelho e azul-marinho
Fios de conta	Vermelho, azul-marinho ou vermelho e azul-marinho
Objeto	Espada
Cristais	Lápis-lazúli, sodalita, topázio azul e rubi
Verbos	Abrir, proteger, demandar, liderar, resistir, proteger, limpar, ordenar
Fator	Ordenador
Metais	Aço ou prata
Planeta	Marte
Ervas	Espada-de-são-jorge, aroeira, bambu, eucalipto, espinheira-santa, capim-cidreira, hortelã, abre-caminho, folhas de pitanga, pau-tenente e cavalinha
Flores	Cravos vermelhos, palmas vermelhas e crista-de-galo
Pontos de força	Estradas, avenidas, trilhos, caminhos
Comidas	Feijoada e inhame
Bebidas	Água, cerveja clara
Frutas	Banana, uva rosé e maçã

RITUAIS

Banho de Força e Coragem de Ogum

Indicação: para quem precisa aumentar a autoestima, ter mais coragem e poder de realização.

Elementos:

- 1 vela verde para Oxóssi
- 1 vela azul-marinho para Ogum
- 1 caldeirão ou panela com 2 litros de água
- 1 punhado de capim-cidreira, hortelã, levante, abre-caminho, folhas de pitanga, pau-tenente e cavalinha

Preparo:

- 1. Vista uma peça de roupa branca, pelo menos na parte de cima do corpo, para fazer o ritual.
- 2. Acenda a vela verde e segure-a com sua mão direita acima da cabeça, consagrando-a ao Orixá Oxóssi, que governa o reino vegetal, com a seguinte evocação:

Pai Criador, Mãe Terra, Pais e Mães Orixás,
Orixá Oxóssi, eu vos saúdo e reverencio,
pedindo que abençoem este banho de ervas,
ativando cada um destes elementos, tornando-os
força viva e ativa, com o poder de limpar, curar,
equilibrar, energizar e proteger meu corpo físico,
mental, emocional e espiritual, de acordo com a
Lei Maior e a Justiça Divina.
Que assim seja, amém!

- 3. Coloque 2 litros de água filtrada em um recipiente e adicione as ervas. Enquanto macera as ervas até formar um caldo verde, concentre sua intenção em ativá-las de acordo com seu objetivo, agradecendo por tê-lo alcançado. Deixe repousar por dez minutos.

- 4. Em seguida, faça uma oração de coração, pedindo ao Orixá Ogum que abençoe este banho e, por meio deste ritual, abra seus caminhos, trazendo paz, saúde, equilíbrio e prosperidade.
- 5. Transfira a mistura para um caldeirão ou panela, tampe e aqueça em fogo baixo. Desligue o fogo antes de ferver e deixe repousar por mais dez minutos antes de coar.
- 6. Após seu banho de higiene regular, despeje o banho preparado em seu corpo inteiro, desde a parte da frente até a parte de trás, abaixo do pescoço.
- 7. Aguarde dois minutos para que seu corpo absorva a energia, respirando profundamente sete vezes. Mentalize seu objetivo principal já concretizado e agradeça.
- 8. Repita em voz alta sete vezes: "Gratidão por todas as bênçãos e aprendizados já conquistados".
- 9. Vista uma peça de roupa azul-marinho e se conecte com a energia que foi ativada.

Banho de Limpeza de Ogum

Indicação: para limpeza emocional e espiritual, ajuda a cortar o mau-olhado, a inveja e a afastar as energias prejudiciais.

Elementos:

- 1 vela verde
- 1 vela azul-marinho
- 1 caldeirão ou panela com 2 litros de água
- 1 punhado de capim-cidreira, abre-caminho, eucalipto, guiné e espada-de-são-jorge

Preparo:

- Idem ao Banho de Força e Coragem.

Defumação de Equilíbrio de Ogum

Indicação: ajuda a equilibrar o campo físico, mental e espiritual.

Elementos:

- 1 turíbulo
- 2 punhados de carvão
- 1 vela verde
- 1 vela azul-marinho
- 1 caldeirão ou panela com 2 litros de água
- 1 punhado de abre-caminho, capim-cidreira e guiné
- Álcool gel 80%

Preparo:

- 1. Vista uma peça de roupa branca, pelo menos na parte de cima do corpo.
- 2. Acenda a vela verde, segurando-a com sua mão direita acima da cabeça, consagrando-a ao Orixá Oxóssi, que possui domínio sobre o reino vegetal, com a seguinte evocação:

Pai Criador, Mãe Terra, Pais e Mães Orixás, Orixá Oxóssi,
eu vos saúdo e vos reverencio, pedindo que
abençoem esta defumação com ervas, despertando
cada um destes elementos, tornando-os força viva e
ativa, com o poder de limpar, curar, equilibrar
e proteger minha casa e meu corpo físico, mental,
emocional e espiritual, de acordo com a Lei Maior
e a Justiça Divina.
Que assim seja, amém!

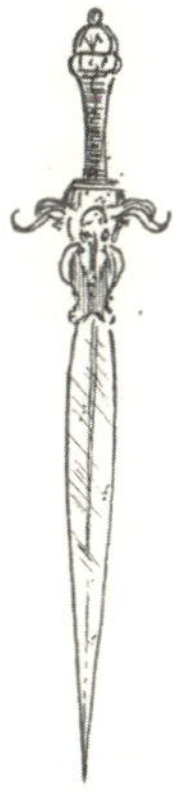

- 3. Acenda o carvão dentro do turíbulo e aguarde até que ele esteja em brasa. Depois, insira as ervas nele.
- 4. Em seguida, faça uma oração de coração acendendo a vela azul-marinho e peça ao Orixá Ogum que, por meio deste ritual, traga muito equilíbrio físico, mental, emocional e espiritual para você e todos do local.

- 5. Comece pelo cômodo de entrada e caminhe em direção ao mais distante, fazendo o sinal da cruz em cada canto de cada ambiente. Enquanto faz isso, entoe um ponto de defumação ou faça uma oração de coração, pedindo para trazer equilíbrio energético para o local, e que tudo o que não for bom, útil ou verdadeiro se afaste em nome de Deus.
- 6. Após percorrer todos os cômodos, agradeça a energia presente neste ritual e deixe o turíbulo queimar o restante das ervas do lado de fora da casa, ou na varanda, se for um apartamento, até se apagar naturalmente. Recolha o carvão restante e as cinzas e coloque-os em um saco de lixo separado.

Oferenda Paliteiro de Ogum

Indicação: para ganhar força, coragem, abertura de caminhos e proteção.

Elementos:

- 21 palitos de madeira
- 7 velas (de cor azul, vermelha ou mista). Siga sua intuição e o objetivo do trabalho
- 1 alguidar
- 1 inhame grande
- Óleo de dendê
- 1 cerveja clara
- 1 charuto
- 1 cravo vermelho
- 1 toalha ou pano vermelho ou azul
- 1 cinzeiro
- Castiçais
- Nome dos beneficiados embaixo da alguidar

Preparo:

Asse o inhame grande no forno por aproximadamente 30 minutos. Retire a casca do inhame e coloque-o dentro do alguidar. Espete os

21 palitos de madeira ao redor do inhame, coloque um pouco de dendê por cima, enquanto agradece a conquista de seus objetivos.

Montagem:

- Coloque o alguidar sobre um pano vermelho ou azul. Do lado direito, coloque um copo de cerveja clara e, do lado esquerdo, um cravo vermelho. Em volta do prato coloque as sete velas nos castiçais. Acenda o charuto, dê sete baforadas e coloque-o em um cinzeiro na direção Sul da oferenda. Quando tudo estiver pronto, acenda as velas, consagrando-as a Ogum. Segure e as levante com sua mão direita, acima da cabeça, dizendo:

Consagro e ofereço este ritual a Deus Pai,
Mãe Terra e ao Orixá Ogum. Peço que, por favor,
aceite e abençoe esta oferenda em agradecimento
por todas as bênçãos que tenho nesta vida,
de acordo com a Lei Maior e com a Justiça Divina.
Gratidão por tudo.
Que assim seja, amém!

ENTREGA E DESPACHO

As oferendas podem ser entregues basicamente em três tipos de locais: casa, natureza e templos.

Casa

Pode ser entregue no seu quintal, no seu jardim, na varanda ou até mesmo na sua cozinha, desde que seja um ambiente limpo e organizado, sem misturar com outras coisas que não fazem parte da oferenda. Para o despacho, após 24 horas, peça licença ao Orixá, batendo gentilmente três vezes cada elemento no chão e coloque em um saco de lixo exclusivo para ela. Depois você pode despachar em lixo comum.

Natureza

No caso de Ogum, os locais mais adequados na natureza são: beira de estradas, avenidas e perto de trilhos de trem. Obviamente, isso deve ser feito pensando sempre em segurança. Se não for cem por cento seguro para você e para os outros, NÃO FAÇA! Recomendo que, sempre que possível, volte no dia seguinte para retirar os resíduos, colocando-os em um saco de lixo exclusivo para a oferenda. Depois você pode despachar em lixo comum.

Templos

No caso de entregas em templos, peça sempre autorização para o sacerdote do local, que irá instruir você sobre as regras e os procedimentos.

AFIRMAÇÃO

Indicação: ajuda a potencializar os rituais feitos. Fazer assim que acordar e antes de dormir por sete dias, após ter realizado um dos rituais.

Ogum, guerreiro de Aruanda
Peço que sua espada abra meus caminhos
Pois com a Lei Maior ninguém pode
Com você ao meu lado, nunca estou sozinho

PONTO CANTADO DE OGUM

Os Pontos na Umbanda são cânticos reverenciados que desempenham um papel fundamental nos rituais. Essas melodias sagradas possuem diversas funções, desde a homenagem às entidades até o convite para sua presença no terreiro. Quando entoados pelos fiéis, os pontos se transformam em preces e invocações, conectando o plano material ao espiritual. São entoados com cadência própria e harmonia, criando um ambiente propício à manifestação de Orixás, guias e protetores espirituais. Sua importância está na criação de uma atmosfera de equilíbrio energético, permitindo o sucesso dos trabalhos espirituais. Essas melodias divinas tecem uma teia espiritual, invocando a presença de guias e entidades, e trazendo a luz e a magia da Umbanda para a vida dos praticantes.

Nesta casa de guerreiro
Vim de longe pra rezar
Rogo a Deus pelos doentes
Na fé de Obatalá

Ogum, salve a Casa Santa
Os presentes e os ausentes
Salve nossas esperanças
Salve os velhos e as crianças

Nego veio ensinou
Na cartilha de Aruanda
E Ogum não esqueceu
Como vencer a Quimbanda

A tristeza foi embora
Na espada de um guerreiro
E a luz no romper da aurora
Vai brilhar neste terreiro

Oxum, o Amor Compartilhado

Minha relação com Oxum foi intensificada durante o processo de escrita deste livro, que – como eu já disse antes – teve início em 2019, pouco antes de a pandemia da Covid-19 chegar ao Brasil. Foi durante essa fase desafiadora que conheci Bruna, filha de Oxum e o amor da minha vida. Logo no início da nossa relação, apresentei a ela minha religião e compartilhei minhas crenças em anjos, ervas, Yoga, cristais, guias e Orixás. Quiseram os deuses e as deusas que, desde o primeiro dia, ela também decidisse viver esse caminho espiritual.

Para mim, isso não é só destino: a gente atrai aquilo que vibra, e quando estamos com a pessoa certa ao nosso lado, alinhados com nosso propósito, a vida prospera. Pedi Bruna em casamento no dia em que comemoramos dois anos de namoro; mal sabe ela que desde o primeiro encontro já tinha tomado essa decisão.

Acredito que, para cada grande desafio que encontramos na vida, é importante buscarmos aconselhamento e direcionamento com alguém que tenha conhecimento de causa. Quando o assunto é amor e prosperidade nas relações, Oxum é a divindade certa a ser consultada. Foi por isso que nós não tivemos dúvidas na hora de escolher o Orixá que nos ajudaria na jornada que estávamos iniciando juntos, e para confirmar isso, decidimos nos casar num dia muito significativo: 12 de outubro, data em que se celebra o Dia de Oxum.

Decoramos o espaço em que aconteceria a cerimônia com suas cores (branco, dourado e amarelo), e enchemos o ambiente com muitas flores e espelhos. Atrás do altar, havia dezenas de velas na parede e uma estrela de madeira de seis pontas, com cinco metros de altura, para identificar a presença de Oxalá, o Pai maior, protegendo todo o ritual.

A cerimônia, conduzida pelo sacerdote do Templo Ogum Beira-Mar, Pai Roberto, seguiu todos os ritos da nossa religião: hino da Umbanda, defumação com ervas, chacoalho dos adjás, pontos de limpeza e de Caboclos, lavagem das mãos em alfazema, votos espirituais, colocação de fios de contas, troca de alianças e louvação. Além disso, foram entregues banhos de ervas de Oxum para todos os convidados, como lembrança da celebração. Sob a influência de Oxum e Oxalá, o casamento foi abençoado com um clima de afeto e bons presságios para essa nova etapa de nossas vidas. Tudo foi mágico.

Com Oxum, aprendi a buscar a doçura da vida, a valorizar a harmonia e a cultivar o amor em todas as suas formas. A energia de Oxum me fortalece em momentos de incerteza e me inspira a enfrentar desafios com coragem e determinação, resolvendo questões difíceis com serenidade e amorosidade. Ela nos ensina diariamente a sermos gratos pelas bênçãos que recebemos; a cuidar dos outros com ternura; e a nutrir nossa própria alma com amor e autoaceitação, reconhecendo a energia feminina que existe dentro de cada um de nós, valorizando o lado doce da vida, que nutre nossas almas com amor e gratidão.

Que as águas doces de Oxum fluam também em seu coração, e tragam harmonia e felicidade para a sua vida e para todos aqueles que cruzarem seu caminho, atraindo apenas o que for bom, útil e verdadeiro.

RAINHA DAS ÁGUAS DOCES

O significado do nome Oxum, na língua iorubá, é rio ou água doce. Oxum governa rios, lagos, nascentes e todas as fontes de água doce. Na cultura iorubá, a água doce é vista como um elemento vital para a sobrevivência e a fertilidade da terra, e representa a vida, a renovação e a abundância.

A ligação de Oxum com as águas doces também está relacionada à sua natureza amorosa e acolhedora. Assim como as águas fluem suavemente e nutrem a vida, Oxum é vista como uma mãe amorosa que protege e cuida de seus filhos. Ela é considerada a protetora da fertilidade, da maternidade e do amor, trazendo alegria e prosperidade para aqueles que a reverenciam.

Oxum é a própria essência da delicadeza e da beleza. Sua energia envolvente desperta em nós um sentimento profundo de acolhimento e conexão com o divino. Ela é cultuada e invocada em rituais de cura emocional, prosperidade, amor e proteção. Considerada a divindade regente do Trono Feminino do Amor, ela tem Oxumaré como seu par masculino.

Oxum personifica a sabedoria feminina, a força do amor e a capacidade de atrair prosperidade. Seus atributos brilham como o dourado do Sol, refletindo-se no espelho de ouro que carrega consigo, o qual é um objeto de poder importante para dissolver energias dissonantes ou negativas. O espelho reflete a inveja, a insegurança e o mal em geral, além de servir também para revelar a realidade de cada pessoa no seu íntimo.

No sincretismo religioso, Oxum é identificada como Nossa Senhora Aparecida ou Nossa Senhora da Conceição, cujo dia também é celebrado em 12 de outubro. Aos sábados, dedicamos nossas preces e reverências a ela. Os elementos minerais simbolizam sua presença e influência, enquanto o chacra cardíaco revela seu poder de conexão emocional. O espelho e o coração são símbolos que a representam, enquanto as cores dourado, amarelo e rosa refletem sua energia.

As filhas de Oxum são abençoadas com características especiais, são pessoas justas e honestas em suas ações, trazendo equilíbrio para o mundo ao nosso redor. Sua natureza carinhosa e bondosa faz com que sejam amadas e respeitadas por aqueles que as conhecem. Seu acolhimento é como um abraço caloroso que traz conforto e segurança aos que as cercam. Embora possam ser bastante emotivas, não se deixam abater facilmente; pelo contrário, são mulheres determinadas e estrategistas, capazes de superar desafios com graça e sabedoria.

Nas águas doces de Oxum, mergulhamos em uma fonte inesgotável de amor e prosperidade. Seu legado de sabedoria ressoa em nosso ser e nos incentiva a sermos a melhor versão de nós mesmos. Por meio da sua força, enfrentamos a vida com coração aberto e confiante, sabendo que ela sempre estará ao nosso lado, guiando-nos com sua luz dourada e nos mostrando que nosso objetivo final nesta vida é amar.

Os rios são muitos,
mas o destino é único:
Amar.

FICHA TÉCNICA

A seguir, apresento de forma resumida as características, os principais elementos e alguns rituais da Orixá Oxum, que servirão para você compreender melhor como ativar essa energia e potencializar sua conexão com essa divindade. As ações realizadas com conhecimento tornam a prática muito mais segura e assertiva. Alinhe sua intenção com suas ações e pratique-as com respeito, fé e amor. Peça que a Lei Maior e a Justiça Divina permitam que você acesse o poder do amor e da prosperidade e do elemento mineral de Oxum.

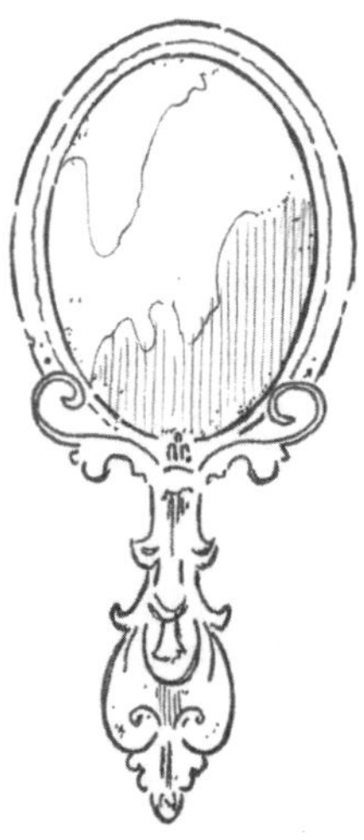

Oxum	Dona da beleza e do ouro. Rainha das águas doces
Sincretismo	Nossa Senhora da Conceição, Nossa Senhora Aparecida
Saudação	Ora ie iê ô! Olha por nós, Mãe!
Dia de celebração	12 de outubro e/ou 8 de dezembro
Dia da semana	Sábado
Número mágico	5
Elemento	Mineral
Chacra	Cardíaco
Símbolos	Espelho e coração
Cores	Dourado, amarelo e rosa
Fios de contas	Douradas, rosas ou douradas e rosa
Objeto	Espelho
Cristais	Todos. No entanto, para questões relacionados ao amor, preferencialmente o quartzo rosa, e, para a prosperidade, o citrino e a pirita
Verbos	Prosperar, conceber, unir, aproximar
Fator	Agregador
Metais	Ouro e bronze
Planetas	Vênus e Lua
Ervas	Buchinha-do-norte, cipó-cabeludo, alfavaca, camomila, manjericão e canela
Flores	Girassol, ipê-amarelo, rosa amarela, macela, calêndula e outras flores amarelas
Pontos de força	Rios e cachoeiras
Comida	Omolucum
Frutas	Mamão, laranja doce, maracujá doce, pêssego e pera

RITUAIS

Banho do Amor de Oxum

Indicação: aumentar a autoestima, o amor-próprio, curar feridas emocionais, acionar o empoderamento com energia feminina.

Elementos:

- 1 vela verde para Oxóssi
- 1 vela rosa para Oxum
- 1 caldeirão ou panela com 2 litros de água
- 1 punhado de artemísia, hibisco, jasmim, alfazema
- 7 cravos-da-índia com cabeça

Preparo:

- 1. Vista uma peça de roupa branca, pelo menos na parte de cima do corpo, para fazer o ritual.
- 2. Acenda a vela verde e segure-a com sua mão direita acima da cabeça, consagrando-a ao Orixá Oxóssi, que governa o reino vegetal, com a seguinte evocação:

Pai Criador, Mãe Terra, Pais e Mães Orixás, Orixá Oxóssi,
eu vos saúdo e vos reverencio, pedindo que abençoem
este banho de ervas, ativando cada um destes
elementos, tornando-os força viva e ativa, com o poder de
limpar, curar, equilibrar, energizar e proteger meu corpo físico,
mental, emocional e espiritual, de acordo com
a Lei Maior e a Justiça Divina.
Que assim seja, amém!

- 3. Coloque os 2 litros de água filtrada em um recipiente e adicione as ervas. Enquanto macera as ervas até formar um caldo verde, concentre sua intenção em ativá-las de acordo com seu objetivo, agradecendo por tê-lo alcançado. Deixe repousar por dez minutos.

- 4. Em seguida, faça uma oração de coração, acendendo a vela rosa e peça à Orixá Oxum que abençoe este banho e, por meio deste ritual, cure suas feridas emocionais e abra seu coração para atrair tudo o que for bom, útil e verdadeiro.
- 5. Transfira a mistura para um caldeirão ou panela, tampe e aqueça em fogo baixo. Desligue o fogo antes de ferver e deixe repousar por mais dez minutos antes de coar.
- 6. Após seu banho de higiene regular, despeje o banho preparado em seu corpo inteiro, desde a parte da frente até a parte de trás, abaixo do pescoço.
- 7. Aguarde dois minutos para que seu corpo absorva a energia, respirando profundamente sete vezes. Mentalize seu objetivo principal já concretizado e agradeça.
- 8. Repita em voz alta sete vezes: "Gratidão por todas as bênçãos e aprendizados já conquistados".
- 9. Vista uma peça de roupa dourada e se conecte com a energia que foi ativada.

Banho de Prosperidade de Oxum

Indicação: para atrair sorte, aumentar a vibração energética, trazer segurança e brilho pessoal.

Elementos:

- 1 vela verde para Oxóssi
  1 vela dourada para Oxum
- 1 caldeirão ou panela com 2 litros de água
- 1 punhado de alecrim, louro, canela em pau, erva-cidreira, pétalas de girassol e anis-estrelado

Preparo:

- Idem ao Banho do Amor.

Defumação de Prosperidade de Oxum

Indicação: para atrair a boa sorte e restabelecer o equilíbrio emocional do lar.

Elementos:

- 1 vela verde para Oxóssi
  1 vela dourada para Oxum
- 2 punhados de carvão
- 1 turíbulo
- Álcool gel 80%
- 1 punhado de camomila, alecrim e sementes ou pétalas secas de girassol

Preparo:

- 1. Vista uma peça de roupa branca, pelo menos na parte de cima do corpo.
- 2. Acenda a vela verde, segurando-a com sua mão direita acima da cabeça, consagrando-a ao Orixá Oxóssi, que possui o domínio sobre o reino vegetal, com a seguinte evocação:

Pai Criador, Mãe Terra, Pais e Mães Orixás,
Orixá Oxóssi, eu vos saúdo e vos reverencio, pedindo
que abençoem esta defumação com ervas, despertando
cada um destes elementos, tornando-os força viva
e ativa, com o poder de limpar, curar, equilibrar
e proteger minha casa e meu corpo físico, mental,
emocional e espiritual, de acordo com a Lei Maior
e a Justiça Divina.
Que assim seja, amém!

- 3. Acenda o carvão dentro do turíbulo e aguarde até que ele esteja em brasa. Depois, insira as ervas nele.
- 4. Em seguida, faça uma oração de coração, acendendo a vela dourada e peça à Orixá Oxum que, por meio deste ritual, traga muita fartura e prosperidade para dentro de sua casa ou estabelecimento.

- 5. Comece pelo cômodo de entrada e caminhe em direção ao mais distante, fazendo o sinal da cruz em cada canto de cada ambiente. Enquanto faz isso, entoe um ponto de defumação ou faça uma oração de coração, pedindo para trazer boa fortuna para o local, e que tudo o que não for bom, útil ou verdadeiro se afaste em nome de Deus.
- 6. Após percorrer todos os cômodos, agradeça a energia presente neste ritual e deixe o turíbulo queimar o restante das ervas do lado de fora da casa, ou na varanda, se for um apartamento, até se apagar naturalmente. Recolha o carvão restante e as cinzas e coloque-os em um saco de lixo separado.

Oferenda a Oxum

Indicação: para ter equilíbrio emocional, amor-próprio, prosperidade no trabalho e nos relacionamentos.

Elementos:

- Louça amarela ou dourada
- 350 gramas de feijão-fradinho cozido
- Cebola
- Azeite extravirgem
- 150 gramas de camarão
- 5 ovos cozidos
- 5 velas amarelas e rosa
- 1 pano ou toalha amarela
- Castiçais ou porta-velas
- 1 taça de vinho branco ou rosé suave
- 5 rosas amarelas e um vaso para acomodá-las

Preparo:

- Cozinhe o feijão-fradinho com água e sal até ficar macio. Em outra panela, refogue a cebola em azeite extravirgem até dourar e adicione os camarões, deixando-os cozinhar por alguns minutos. Em seguida, misture o feijão-fradinho cozido com a cebola e os camarões, regando tudo com azeite extravirgem.

Montagem:

- Coloque um pano ou toalha amarela no chão ou na mesa. Coloque a louça já com a comida em temperatura ambiente no centro (primeiro o feijão-fradinho com camarão e, em cima, os 5 ovos brancos cozidos sem casca) e a taça com vinho do lado esquerdo. Coloque as velas ao redor do prato, em castiçais ou porta-velas. Coloque as flores em um vaso do lado direito da comida.
- Quando tudo estiver pronto, acenda as velas, consagrando-as a Oxum. Segure e as levante com sua mão direita, acima da cabeça, dizendo:

Consagro e ofereço este ritual a Deus Pai,
à Mãe Terra e a Oxum. Peço, por favor,
que aceitem e abençoem esta oferenda em
agradecimento por todas as bênçãos que
tenho nesta vida, de acordo com a Lei Maior e
com a Justiça Divina. Gratidão por tudo.
Que assim seja, amém!

ENTREGA E DESPACHO

As oferendas podem ser entregues basicamente em três tipos de locais: casa, natureza e templos.

Casa

Pode ser entregue no seu quintal, no seu jardim, na varanda ou até mesmo na sua cozinha, desde que seja um ambiente limpo e organizado, sem misturar com outras coisas que não fazem parte da oferenda. Para o despacho, após 24 horas, peça licença ao Orixá, batendo gentilmente três vezes cada elemento no chão e, depois, coloque tudo em um saco de lixo exclusivo para a oferenda. Depois você pode despachar em lixo comum.

Natureza

No caso de Oxum, os locais mais adequados na natureza são os lugares dentro da mata, perto de cachoeiras. Recomendo que, sempre que possível, volte no dia seguinte para retirar os resíduos, colocando-os em um saco de lixo exclusivo para a oferenda. Depois você pode despachar em lixo comum.

Templos

No caso de entregas em templos, peça sempre autorização para o sacerdote do local, que irá instruir você sobre as regras e os procedimentos.

AFIRMAÇÃO

Indicação: ajuda a potencializar os rituais realizados. Fazer assim que acordar e antes de dormir por sete dias, após ter realizado um dos rituais.

Oxum, divindade do amor
Obrigado por meu coração curar
Me proteja com as águas doces do rio
E me fortaleça para minha vida prosperar

PONTO CANTADO DE OXUM

Os Pontos na Umbanda são cânticos reverenciados que desempenham um papel fundamental nos rituais. Essas melodias sagradas possuem diversas funções, desde a homenagem às entidades até o convite para sua presença no terreiro. Quando entoados pelos fiéis, os pontos se transformam em preces e invocações, conectando o plano material ao espiritual. São entoados com cadência própria e harmonia, criando um ambiente propício à manifestação de Orixás, guias e protetores espirituais. Sua importância está na criação de uma atmosfera de equilíbrio energético, permitindo o sucesso dos trabalhos espirituais. Essas melodias divinas tecem uma teia espiritual, invocando a presença de guias e entidades, e trazendo a luz e a magia da Umbanda para a vida dos praticantes.

Eu sou da mina
Eu sou da mina de ouro
Onde mora Mamãe Oxum
Guardiã do meu tesouro

Mamãe Oxum, rainha cheia de luz
Cubra-nos com vosso manto
Rogai por nós Jesus

Eu sou da mina
Eu sou da mina de ouro
Onde mora Mamãe Oxum
Guardiã do meu tesouro

Mamãe Oxum, rainha cheia de luz
Cubra-nos com vosso manto
Rogai por nós Jesus

Mensagem Final

Este livro nasceu como um ensaio pessoal, um rascunho do mapa de um caminho já trilhado por mim, que pode ajudar você, alma buscadora, a encontrar alguns tesouros, como força, fé, criatividade, equilíbrio, coragem, amor e conhecimento. Tesouros que sempre estiveram ao nosso alcance, pois o universo e todas as energias já habitam dentro de nós. Portanto, basta acessá-los, com a ajuda da sua ancestralidade, do seu anjo da guarda, de seus guias, protetores, guardiões ou, como aqui apresentado, dos Orixás.

Se algo que você leu aqui servir para abrir um desses baús, todo o trabalho já terá valido a pena. Que este livro sirva como a primeira de muitas chaves que lhe permitirão acessar o caminho que o leva ao encontro da sua melhor versão espiritual.

Namastê! Axé!

Posfácio

Um posfácio é um cafezinho após um grande banquete, e cá estamos, depois de nos fartarmos com a experiência do Rodrigo Volponi em Orixás e ervas. Mas, sobretudo, com sua capacidade de compartilhar com leveza temas tão complexos.

Sempre busquei efetividade na minha prática religiosa. A Feitiçaria, que é tanto uma metodologia quanto uma religiosidade, não pede, necessariamente, nossa crença – embora ela seja importante –, mas especialmente nossa capacidade (e coragem!) de questionar e testar. Quando elaboramos um feitiço (e o feitiço começa muito antes de as velas serem acesas), precisamos ter total certeza de que os elementos serão suficientes e efetivos. Quando o feitiço é lançado, é a confirmação dada pelo Feiticeiro de que é auspicioso que algo seja modificado na realidade que nos cerca.

Se todo o processo for feito certinho, é inevitável que mude mesmo.

Hoje vejo que, nessa busca por efetividade, nunca dei grande atenção aos banhos. Como em time que está ganhando não se mexe, por que estudar as ervas para banhos se elas se mostravam já tão eficazes na magia com velas?

Mudei de ideia quando conheci o Rodrigo e tomei os banhos que ele ritualiza pela primeira vez. Seguindo o passo a passo que ele ensina, preparei o banho com a mentalidade de um Feiticeiro: concentrado, corajoso, mas confiando que só saberia o resultado quando (e se!) funcionasse.

Não precisei esperar muito tempo. Durante o preparo, a alteração energética do ambiente foi evidente. Não apenas a parte física, mas também o aroma que tomou conta do meu espaço me causou este impacto: senti a mudança no padrão do espaço. Quem já participou de algum ritual, ou entrou em uma igreja antiga vazia, vai reconhecer essa diferença entre um momento e outro. Não era uma questão de acreditar no efeito do banho. Era uma questão de reconhecer.

Segui a ordem dos banhos – proteção e limpeza, equilíbrio, prosperidade e amor (primeiro eu me limpo, depois eu me equilibro, por fim, eu prospero e compartilho minhas dádivas com os outros) – e fui, ponto a ponto, banho a banho, registrando minha experiência. Hoje, com tranquilidade, posso dizer que se você tomar um banho preparado pelo Rodrigo e não sentir nenhuma diferença para melhor, alguma coisa está muito errada.

Essa experiência não tem nada a ver com a religião que você professa. Eu não pertenço ao povo de Santo. Particularmente, acho importante reforçar nossas capacidades, mas, sobretudo, nossos limites: por não pertencer à religião, sou maravilhado pela experiência daqueles que estão, da cabeça aos pés, vestidos com a beleza dos Orixás. Acredito que, dentro de uma experiência religiosa, possa haver outras transformações, mas atesto pela minha própria que não é algo religioso no sentido estrutural, embora seja genuinamente efetivo.

E esta obra trouxe, mais do que uma experiência, um passo a passo que pode ser vivenciado com segurança por qualquer pessoa que assim se proponha. Caminhamos pelos enredos de Exu, Oxalá, Oxum, Xangô, Oxóssi, Ogum e Iemanjá. Sete Orixás escolhidos por sua relação de afeto com o autor. O aspecto enciclopédico deste livro está intrinsecamente associado à sua característica devocional; são Orixás com quem Rodrigo tem profunda relação e vivência. Aprender com o Rodrigo os caminhos pelos quais ele trilhou e trilha sua devoção é também descobrir nossos próprios caminhos na religiosidade.

A natureza de um ensaio é oferecer uma reflexão balizada pela experiência do autor. E Rodrigo nos mostrou, nesta obra, um pouquinho do que sabe. E, quando eu falo pouquinho, é porque eu conheço um caderninho A6 (pegue uma folha sulfite normal, dobre em quatro partes: esse é o tamanho A6) que ele tem na estante. Ah... Aquele caderninho!

E é daquele caderninho - daquele *grimoire* que registra estudos, interesses e experimentos do Rodrigo, a sabedoria dos que vieram antes, os cruzamentos entre os saberes ancestrais que compõem a espiritualidade contemporânea - que saíram várias coisas que lemos nesta obra. Este livro é composto de (muita!) pesquisa, de muito diálogo com outros mestres, mas, sobretudo, é um registro da mestria que o Rodrigo alcançou.

Os *grimoires* (em português: grimórios) são livros escritos por magos, feiticeiros, bruxos e sábios de outras épocas, com o intuito de registrar não apenas a estrutura ritual da tradição, como também suas próprias experiências e ajustes.

Essa experiência, entretanto, é algo muito diferente do grimório que você tem em mãos. Este livro é um levantamento de elementos relativamente estáveis nos cultos afro-brasileiros em geral e na Umbanda em particular, mas devidamente temperados pela experiência vivida de forma visceral. É uma experiência com pesquisa e assinatura: sabemos o que é colocado pela tradição e sabemos o que é experiência e experimento do autor. É uma dádiva, compartilhada de maneira muito generosa.

Um grimório, uma enciclopédia, um diário, um bate-papo com um amigo querido; se você chegou até aqui, espero sinceramente que tenha experienciado e se deleitado com todas essas facetas que tanto me maravilharam.

E, claro: que elas não sejam apenas texto e memória, mas vivência e afeto, como esse cafezinho que escrevi após esse banquete.

Emanuel J. Santos
Cartomante e Feiticeiro
(não necessariamente nessa ordem)

Glossário

Adjá: instrumento musical sagrado de metal, semelhante a um sino ou chocalho, e é usado durante os rituais para marcar o ritmo da música e auxiliar na invocação das energias espirituais.
Agô: pedir agô é pedir licença, pedir permissão para realizar algo.
Alguidar: objeto sagrado utilizado em rituais religiosos da Umbanda e do Candomblé para preparar oferendas e trabalhos espirituais.
Amaci ou amassi: líquido preparado com ervas e água de diversas fontes, utilizado para fortalecer os médiuns.
Aparelho mediúnico: é o corpo físico do médium.
Aruanda: representa o infinito, o céu, a morada do Criador, o plano espiritual mais elevado. Também é o nome dado ao local onde estão os guias que trabalham na Umbanda.
Atabaques: instrumentos de percussão utilizados em cerimônias religiosas nos terreiros de religião de matriz africana.
Assistência: grupo de visitantes em um terreiro de Umbanda que aguardam atendimento das entidades.
Babalorixá: sacerdote ou pai de santo responsável pelos cultos afro-brasileiros, como o Candomblé. Ele realiza leitura e interpretação dos oráculos de Ifá, e conduz consultas e cerimônias religiosas.
Bater cabeça: saudar o altar e reverenciar as energias do local.
Bater paó: saudação feita ao entregar uma oferenda aos Orixás. Consiste em uma sequência de palmas ritmadas.
Benzer: abençoar ou dizer bem. As benzeduras são orações dedicadas a Deus para pedir proteção divina.

Caboclo: guia espiritual evoluído da Umbanda, representado na figura de um indígena, conhecido pelo conhecimento das ervas e das matas.
Cambone: assistente do terreiro, responsável por auxiliar o médium durante a incorporação do guia espiritual.
Chacras: centros energéticos localizados em pontos específicos do corpo que distribuem energia (prana) para órgãos e sistemas.
Chefe de falange: entidade espiritual muito evoluída que guia um conjunto de espíritos em uma mesma corrente espiritual.
Congá: altar onde ficam as imagens de Orixás e guias espirituais.
Consulta: conversa entre o consulente e a entidade, com o objetivo de receber orientação ou alinhamento energético.
Coroa: equivalente à cabeça do médium ou ao sétimo chacra.
Domínios: locais onde determinada divindade tem controle e maior poder de atuação.
Ebó: oferenda ou sacrifício feito aos Orixás para receber energia e equilíbrio.
Egrégora: força espiritual criada a partir da soma de energias coletivas resultantes da congregação de duas ou mais pessoas.
Egum: no Candomblé, é um ancestral morto cultuado pelos adeptos.
Falange: conjunto de seres espirituais que trabalham dentro de uma mesma corrente.
Filá: peça de vestimenta usada nos trabalhos da Umbanda.
Filhos da casa: médiuns que trabalham em determinado terreiro.
Firmar: concentrar-se para a incorporação e/ou dar segurança a um ato.
Fundamentos: leis e crenças da Umbanda.
Gira: sessão de trabalhos em um terreiro de Umbanda.
Guardiões: entidades espirituais que protegem o médium e o terreiro.
Guia espiritual: entidade que acompanha o médium em sua jornada na Terra.
Guia ou fio de contas: elemento das religiões afro que serve de elo entre o material e o divino.
Guias de trabalho: entidades espirituais presentes nos trabalhos espirituais nas giras dos terreiros.
Iaô: iniciado nos mistérios da religião no Candomblé.

Ifá: sistema divinatório utilizado principalmente no Candomblé.
Ifé: cidade sagrada na Nigéria, considerada o berço do Candomblé.
Incorporar: processo de aproximação da entidade ao médium.
Laroyê: saudação ao Orixá Exu, que significa: "Eu te saúdo".
Linha: faixa de vibração dentro da corrente espiritual.
Macumba: instrumento musical ou termo usado de forma pejorativa para se referir à Umbanda.
Mandinga: magia ou feitiço feito em benefício de alguém.
Médium: pessoa sensitiva capaz de se comunicar com espíritos desencarnados.
Mojubá: saudação a Exu, que significa: "Eu te saúdo" ou "Eu me curvo a você".
Oferendas: rituais de preparação de pratos e bebidas para serem oferecidos a uma divindade.
Ogó: bastão utilizado para invocar as divindades.
Okê Oxóssi, Okê Caboclo: saudação ao Orixá Oxóssi, que significa: "Salve aquele que grita, que brada".
Orixá: divindades da mitologia africana que representam as energias da natureza.
Orixá Ancestral: divindade que magnetizou o ser quando ele foi gerado.
Orixá de Frente: divindade que rege a atual encarnação do ser.
Orixá Juntó: divindade que forma par com o Orixá de Frente.
Padê: oferenda feita em um alguidar, geralmente com tipos de farinhas e outros ingredientes - como miúdos, coração de galinha, cortes de carne de boi, entre outros -, dependendo do objetivo e da entidade à qual a oferenda está sendo direcionada. Geralmente são ofertados aos Exus e Pombagiras.
Passe: ato da entidade, por meio do médium incorporado, de emitir vibrações que anulem más influências sofridas pelos consulentes, equilibrando seu corpo físico, mental, espiritual e emocional.
Paó: palavra em iorubá que significa "pé de" e é utilizada para se referir a uma linha de trabalho dentro da Umbanda.
Patuá: amuleto que se leva pendurado ao pescoço ou pregado na roupa. Antigamente, eram saquinhos de couro ou de pano, com a boca

amarrada com cordão metálico, junto a uma conta de vidro da cor da divindade protetora.

Pemba: giz em formato cônico usado nos rituais para escrever pontos riscados, representando determinada falange de espíritos ou guias. Seu pó é utilizado em rituais de limpeza energética e proteção. É um objeto capaz de ligar o mundo material com o espiritual.

Perispírito: invólucro fluídico que liga o espírito ao corpo.

Ponto cantado: letra e melodia de um cântico sagrado, diferente para cada entidade. É uma prece evocativa cantada que tem por finalidade atrair as entidades espirituais e homenageá-las. Os pontos podem ser apenas de louvor ou cantados com finalidades rituais durante determinadas cerimônias.

Ponto riscado: desenho formado por um conjunto de sinais cabalísticos, que é riscado com pemba para chamar a entidade ao mundo terreno. Quando riscado pelo médium incorporado, identifica a entidade.

Porteira: entrada do templo.

Preto-Velho: guia espiritual de trabalho na religião da Umbanda.

Quebranto: influência maléfica, similar a olho gordo ou mau-olhado.

Receber: entrar em transe, incorporar uma entidade.

Saravá: saudação nos terreiros, com o significado de "salve", "seja bem-vindo", "salve sua força".

Sincretismo: fusão de diferentes cultos ou doutrinas para facilitar a interpretação de seus elementos e significados.

Tacape: arma indígena.

Tronqueira: pode se referir a uma espécie de altar onde são colocados elementos sagrados, como imagens de Exus e Pombagiras, velas, bebidas, tridentes, pedras, moedas, caldeirões, entre outros. É um local de respeito e adoração a essas entidades, e é usado em rituais para fortalecer a conexão entre o praticante e os guias espirituais.

Yabás: termo que designa as Orixás femininas, como Iansã, Iemanjá, Oxum, Obá, Oyá, Nanã e Egunitá.

Bibliografia

CAMARGO, Adriano. *Rituais com Ervas: Banhos, Defumações e Benzimentos*. São Bernardo do Campo: O Erveiro, 2017.

CHALI, Judy. *A Bíblia dos Cristais*. São Paulo: Pensamento, 2008.

PRANDI, Reginaldo; RAFAEL, Pedro. Mitologia dos Orixás. São Paulo: Companhia das Letras, 2000.

SARACENI, Rubens. *Tratado Geral de Umbanda: as Chaves Interpretativas Teológicas*. São Paulo: Madras Editora, 2009.

SARACENI, Rubens. *As Sete Linhas de Umbanda*. São Paulo, Madras Editora, 2010.

VERGER, Pierre Fatumbi. *Lendas Africanas dos Orixás*. Lauro de Freitas: Solisluna Design Editora, 2019.

Faça Parte da Nossa Egrégora

Ao virar esta página, você não apenas conclui uma jornada de leitura, mas também se abre para um universo de sabedoria e transformação ainda maior. Convido você, buscador ou buscadora, a dar um passo adiante em sua jornada de autoconhecimento e evolução. Ao escanear o QR Code a seguir, você terá a chave para um portal exclusivo onde compartilharei dicas, lançamentos e promoções pensadas especialmente para você, que acompanha e valoriza o caminho do equilíbrio emocional, energético e espiritual. Essa é uma oportunidade única de se conectar ainda mais profundamente com as práticas e as sabedorias que compartilhamos, recebendo em primeira mão conteúdos que irão enriquecer sua jornada em busca da harmonia e do bem-estar. Não deixe para depois, o momento de ampliar seus horizontes e fortalecer sua luz interior é agora. Junte-se a nós nessa comunidade exclusiva e dê mais um passo rumo à sua plenitude.

WWW.7ETIMOCEU.COM.BR